삼국(三國) 남북조시대(南北朝時代)
중국·한국·일본

삼국(三國) 남북조시대(南北朝時代) 중국·한국·일본

초판 1쇄 발행 2025년 12월 18일

지은이 유승완
펴낸이 장길수
펴낸곳 지식과감성#
출판등록 제2012-000081호

교정 정은솔
디자인 김희영
편집 김희영
검수 김지원, 정윤솔
마케팅 김윤길

주소 서울시 금천구 벚꽃로298 대륭포스트타워6차 1212호
전화 070-4651-3730~4
팩스 070-4325-7006
이메일 ksbookup@naver.com
홈페이지 www.knsbookup.com

ISBN 979-11-392-2972-1(03910)
값 17,000원

지식과감성#
홈페이지 바로가기

三國 南北朝時代

삼국 남북조시대

중국 한국 일본

유승완 지음

지식과감성#

차 례

제3편 일본의 남북조시대(南北朝時代)

일 러 두 기

1.

이 책 내용에서 기술하는 역사적 사건의 발생연도가 문헌마다 1년 정도 차이가 나는 경우가 있다.

예를 들어 수(隋)의 양제(煬帝)가 3번에 걸쳐 고구려원정(高句麗遠征)을 감행하여 전쟁이 일어난 연도가 1차 전쟁 612년, 2차 전쟁 613년, 3차 전쟁 614년이라고 기술되어 있는 문헌도 있고 1차 전쟁 611년, 2차 전쟁 613년, 3차 전쟁 614년이라고 기술되어 있는 문헌도 있다. 이 책은 수(隋)의 양제(煬帝)가 611년부터 614년까지 3번에 걸쳐 고구려원정(高句麗遠征)을 감행했다고 기술한다.

중국 삼국시대(三國時代) 손권(孫權)이 오(吳)의 왕(王)이 된 연도가 221년이라고 기술되어 있는 문헌도 있고 222년이라고 기술되어 있는 문헌도 있다. 이 책은 222년이라고 기술한다. 222년 오(吳)의 왕(王)이 된 손권(孫權)은 229년에 오(吳)의 황제가 되었다.

2.

중국서에서 참고한 내용 중 중국 용어는 몇 개를 제외하고 대부분 한국어 발음으로 표시하고 한자(漢字)를 괄호 처리하여 덧붙였다. 예를 들어 遼東半島의 경우 중국식 발음은 랴오둥반도(遼東半島)이지만 한국어 발음은 요동반도(遼東半島)이다. 山東半島의 경우 중국식 발음은 산둥반도(山東半島)이지만 한국어 발음은 산동반도(山東半島)이다.

일본서에서 참고한 내용 중 일본 용어는 한국어 발음으로 표시한 것도 있지만 대부분 일본식 발음으로 표시하고 한자(漢字)를 괄호 처리하여 덧붙였다. 예를 들어 戰国時代의 경우 일본식 발음은 센고쿠시대(戰国時代)이지만 한국어 발음은 전국시대(戰国時代)이다.

3.

중국 역사 및 일본 역사를 설명하는 영미서에서 사용하는 중국 역사용어와 일본 역사용어의 영어 표현도 본문 중 곳곳에 표시했다. 중국 역사용어와 일본 역사용어의 영어 표현은 해당 역사용어의 의미를 파악하는 데 도움을 준다.

4.

이 책에서 사용한 한(韓)과 조선(朝鮮)은 같은 의미이다. 예를 들어 한반도(韓半島)와 조선반도(朝鮮半島)는 같은 말이고 한국전쟁과 조선전쟁도 같은 말이다. 북한(北韓)과 북조선(北朝鮮)도 같은 말이다.

머리말

이 책의 내용은 삼국(三國)의 남북조시대(南北朝時代)에 관한 역사적 설명이다. 삼국(三國)은 중국(中國)·한국(韓國)·일본(日本)을 말한다.

중국의 남북조시대(南北朝時代)는 420년부터 589년까지이다. 420년 중국대륙의 남쪽 강남(江南)에서 동진(東晉)이 멸망하고 송(宋)이 건국되면서 중국의 남조(南朝)가 시작된다. 439년 북위(北魏)가 중국대륙의 북쪽 화북(華北)에서 5호 16국(五胡十六國)의 분열 상태를 통일하면서 중국의 북조(北朝)가 시작된다. 581년 수(隋)가 북조(北朝)의 마지막 왕조인 북주(北周)를 멸망시키면서 중국의 북조(北朝)는 끝난다. 589년 수(隋)가 남조(南朝)의 마지막 왕조인 진(陳)을 멸망시키면서 중국의 남조(南朝)는 끝난다.

한국의 남북조시대(南北朝時代)는 698년부터 926년까지이다. 698년 발해(渤海)가 건국되면서 한국의 남북조는 시작된다. 926년 발해가 거란에게 멸망당하면서 한국의 남북조는 끝난다. 발해가 건국되기 전 676년에 통일신라(統一新羅)는 당군(唐軍)을 한반도에서 몰아내고 삼국통일을 완성했다. 발해가 멸망한 후 935년에 통일신라는 고려(高麗) 태조 왕건에게 항복함으로써 멸망했다. 18세기 말 조선시대의 학자 유득공은 한국의 남북조(南北朝)인 통일신라와 발해를 남북국(南北國)이라고 불렀다.

일본의 남북조시대(南北朝時代)는 1336년부터 1392년까지이다. 1336년 교토(京都)에서 무로마치 막부(室町幕府)가 성립되었다. 1336년 말 고다이고 천황은 무로마치 막부가 지배하는 교토(京都)를 탈출하여 요시노(吉野)로 피난하여 남조(南朝)를 세우고 교토(京都)의 북조(北朝)와 대립하였다. 이로써 일본의 남북조가 시작된다. 1392년 무로마치 막부(室町幕府)의 장군 아시카가 요시미쓰(足利義滿)에 의해 남북조(南北朝)가 통일되었다. 남북조로 나뉘었던 2명의 천황자리는 약 56년 만에 하나로 통합된 것이다. 일본의 남북조가 통일된 1392년은 조선반도에서 고려(高麗)가 망하고 이성계가 조선(朝鮮)을 건국한 해였다.

일본의 남북조(南北朝) 대립 시기는 천황을 허수아비로 만들고 쇼군(將軍(장군))이 세습정치를 행하는 무로마치 막부(室町幕府)가 정권을 잡은 시대 속에 위치한다. 막부정치(幕府政治)는 왕이 아닌 자가 권력을 세습하는 정치였다. 일본의 막부정권은 시대순으로 가마쿠라 막부(鎌倉幕府), 무로마치 막부(室町幕府), 에도 막부(江戶幕府)가 있었다. 가마쿠라 막부는 1180년 내지 1192년에 성립하여 1333년에 멸망하였다. 무로마치 막부는 1336년에 성립하여 1573년에 멸망하였다. 에도 막부는 1603년에 성립하여 1868년에 멸망하였다.

1170년 한국의 고려시대(高麗時代)에 무신의 난이 일어나 약 100년간 무신정권이 지속되었다. 그중 1196년부터 1258년까지는 최씨 무신정권 시기였는데, 이는 왕이 아닌 자가 권력을 세습하는 것으로 1192년부터 1333년까지 유지된 일본의 가마쿠라 막부(鎌倉幕府)정권과 비슷한 정치 상황이었다.

연대표(chronological table)는 역사 서술의 척도이다. 역사적 사건 및 관련 사건의 발생 연도가 문헌마다 다르거나 학자마다 다른 경우가 있는데 가급적 사건발생의 시간적 순서가 모순되지 않게 조정했다. 중국(中國)·한국(韓國)·일본(日本)의 남북조시대(南北朝時代) 역사는 기원후(紀元後)의 역사이기 때문에 사건 발생연도 앞에 기원후(A.D.) 또는 서기(西紀)를 표시하지 않았다.

제1편

중국의 남북조시대 (南北朝時代)

중국 남북조시대 연대표(年代表)

기원전(B.C.)

221년	진(秦)이 전국시대(戰國時代)를 통일하고, 중국 최초의 통일제국이 됨.
206년	진(秦)이 멸망함.
202년	한(漢)이 건국됨. 이때의 한(漢)을 전한(前漢)이라고 부름.

기원후(A.D.)

8년	외척(外戚)인 왕망(王莽)이 신(新)을 건국함. 전한(前漢)이 멸망함.
23년	신(新)이 멸망함.
25년	한(漢)이 다시 건국됨. 이때의 한(漢)을 후한(後漢)이라고 부름.
220년	후한(後漢)이 멸망하고 조조(曹操)의 아들 조비(曹丕)가 위(魏)를 건국.
221년	유비(劉備)가 촉(蜀)을 건국.
222년	손권(孫權)이 오왕(吳王)이 됨.
229년	손권(孫權)이 오(吳)의 황제가 됨.
263년	위(魏)가 촉(蜀)을 멸망시킴.
265년	위(魏)가 멸망하고 사마염(司馬炎)이 진(晉)을 건국.
280년	진(晉)이 오(吳)를 멸망시키고 삼국시대의 중국을 통일함.
291년	진(晉) 황실 내부의 권력투쟁인 팔왕의 난(八王의 亂)이 시작됨.
304년	흉노(匈奴)의 유연(劉淵)이 전조(前趙)를 건국, 5胡 16國 시대가 시작됨.
316년	흉노(匈奴)의 전조(前趙)가 진(晉)을 멸망시킴. 이때 멸망한 진(晉)을 서진(西晉)이라고 부름.

317년	멸망한 서진(西晉)의 왕족 사마예(司馬睿)가 강남(江南)에서 진(晉)을 건국. 이때 건국한 진(晉)을 동진(東晉)이라고 부름.
386년	선비족(鮮卑族)의 탁발규(拓跋珪)가 북위(北魏)를 건국.
420년	유유(劉裕)가 동진(東晉)을 멸망시키고 송(宋)을 건국. 남조(南朝) 시작.
439년	북위(北魏)가 화북을 통일하고 5胡 16國 시대를 끝냄. 북조(北朝) 시작.
479년	남조(南朝)에서 송(宋)이 멸망하고 제(齊)가 건국됨.
502년	남조(南朝)에서 제(齊)가 멸망하고 양(梁)이 건국됨.
534년	북조(北朝)에서 북위(北魏)가 동위(東魏)와 서위(西魏)로 분열됨.
550년	북조(北朝)에서 동위(東魏)가 멸망하고 북제(北齊)가 건국됨.
557년	북조(北朝)에서 서위(西魏)가 멸망하고 북주(北周)가 건국됨.
557년	남조(南朝)에서 양(梁)이 멸망하고 진(陳)이 건국됨.
577년	북주(北周)가 북제(北齊)를 멸망시키고 중국의 화북을 통일함.
581년	북주(北周) 황실 외척 양견(楊堅)이 북주(北周)를 멸망시키고 수(隋)를 건국.
589년	수(隋)가 남조(南朝)의 진(陳)을 멸망시키고 중국을 통일함. 중국 남북조 시대(南北朝時代)가 끝남.
618년	이연(李淵)이 수(隋)를 멸망시키고 당(唐)을 건국.

Ⅰ. 중국 남북조시대(南北朝時代)의 역사적 위치

중국에서 화북(華北)지역과 강남(江南)지역이 대치하던 남북조시대(南北朝時代)는 439년에 시작하여 589년에 끝난다. 약 150년 동안이다. 남조(南朝)는 중국대륙의 남쪽 강남(江南)에서 송(宋)이 건국된 420년에 시작되고, 북조(北朝)는 북위(北魏)가 중국대륙의 북쪽인 화북(華北)을 통일한 439년에 시작된다. 589년 남조(南朝)의 마지막 왕조인 진(陳)이 수(隋)에게 멸망당하면서 중국의 남북조시대는 끝난다. 589년 중국의 화북(華北)과 강남(江南)을 통일한 수제국(隋帝國)은 얼마 안 있어 멸망하고 618년에 당제국(唐帝國)이 건국된다.[1)]

중국의 남북조시대(南北朝時代) 이전에는 중국 최초의 통일왕조 진(秦), 두 번째 통일왕조 한(漢), 삼국(三國), 진(晉), 5호 16국(五胡十六國) 시대가 이어졌다. 삼국(三國)은 위(魏)·촉(蜀)·오(吳)를 말한다. 5호 16국으로 표현되는 화북(華北)지역의 분열 상태를 북위(北魏)가 439년에 통일하면서 북조(北朝)가 시작된다. 남북조시대 이후에는 남북조

1 李泉 編著, 『一本就通 中國史』 二版, 聯經出版事業股份有限公司, 2022年, 121面, 131面, 144面, 159面, 171面 및 木村靖二·岸本美緒·小松久男 編, 『詳說 世界史研究』, 山川出版社, 2020年, 111-112面.

를 통일한 수(隋), 당(唐)이 이어진다. 수(隋)는 중국의 세 번째 통일왕조였고 당(唐)은 중국의 네 번째 통일왕조였다.

중국의 5대 왕조(五大王朝)는 한(漢), 당(唐), 송(宋), 명(明), 청(淸)이다. 중국 최초의 통일제국인 진(秦)과 중국의 남북조(南北朝)를 통일한 수(隋)는 단명(短命)했기 때문에 중국의 5대 왕조(五大王朝)에 포함되지 않는다. 진(秦)은 약 15년 동안, 수(隋)는 약 37년 동안 짧게 존속했기 때문에 다방면에 걸쳐서 후세에 영향을 끼친 업적을 많이 남기지 못했다. 중국의 남북조시대는 진한(秦漢)시대와 수당(隋唐)시대 사이에 위치한 시대이다.

진(晉)은 서진(西晉)과 동진(東晉)으로 나뉘기 때문에 양진(兩晉)이라고도 한다. 삼국(三國)·진(晉)·5호 16국(五胡十六國)·남북조(南北朝)를 통칭하여 위진남북조(魏晉南北朝)라고 부른다. 위진남북조시대(魏晉南北朝時代)는 후한(後漢)이 멸망하고 위(魏)가 건국된 220년부터 수(隋)가 남북조(南北朝)를 통일한 589년까지이다.

삼국 중 위(魏)가 후한(後漢)의 마지막 황제로부터 선양(禪讓)을 받아 건국된 왕조(王朝)이고 진(晉)은 위(魏)의 마지막 황제로부터 선양을 받아 건국된 왕조이다. 위(魏)와 진(晉)을 위진(魏晉)이라고 부른다. 일반적으로 위(魏)와 진(晉)을 약 400년 동안 전한(前漢)과 후한(後漢)으로 존속했던 중국의 두 번째 통일제국인 한(漢)의 후계왕조로 본다. 위진시대(魏晉時代)부터 남북조시대(南北朝時代)까지 사이의 중간 과정에서 중국대륙은 대분열의 혼란기를 거치는데 그것을 5호 16국 시대(五胡十六國時代)라고 부른다.

후한(後漢) 말기 환관(宦官)이 권력을 장악하면서 정치는 혼란스러워지고 농민들은 궁핍해져 갔다. 184년 농민반란이 빈발하는 가운데 도교(道教)의 일종인 태평도(太平道)의 교주 장각(張角)이 황건적(黃巾賊)의 난(亂)을 일으켰다. 장각(張角)은 부수(符水=부적을 태운 물)로 질병을 치료할 수 있다는 말로 사람들을 미혹시켜서 난(亂)에 따르는 무리가 확대되었다. 황건적의 난은 중국에서 최초로 일어난 종교반란이다. 조정에서는 권력투쟁, 지방에서는 농민반란 등을 거치면서 후한(後漢)은 쇠약해져 갔다. 196년 후한(後漢)의 권신(權臣) 조조(曹操)는 후한(後漢)의 황제 헌제(獻帝)를 받들고 수도를 낙양(洛陽)에서 허창(許昌)으로 옮겼다. 조조(曹操)는 천자(황제)를 끼고 제후들에게 명령하는 지위를 얻었다(挾天子以令諸侯(협천자이령제후)). 이 무렵부터 위(魏)·오(吳)·촉(蜀)의 삼국시대(三國時代)가 싹트기 시작한다. 208년 적벽대전(赤壁大戰) 이후 삼국정립(三國鼎立)의 골격이 점차 형성되었다.

적벽대전(赤壁大戰)은 화북(華北)지역의 권력자 조조(曹操)가 중국천하를 통일하기 위하여 208년에 대군을 이끌고 강남(江南)지역을 공격하였으나 적벽전투(赤壁戰鬪)에서 손권(孫權)과 유비(劉備) 연합군에게 패한 사건이다. 천하를 통일하지 못한 조조(曹操)는 황제에는 즉위하지 않고 위왕(魏王)에 머물러 있으면서 후한(後漢)의 권위를 이용하여 권력을 유지하고 있었다.

220년 조조(曹操)의 아들 조비(曹丕)는 후한(後漢)의 황제 헌제(獻帝)로부터 선양(禪讓)을 받아 위왕조(魏王朝)를 창설했다. 221년 유비(劉備)도 한왕조(漢王朝)를 계승한다고 표방하여 한(漢)을 건국하고 황제가 되었다. 유비(劉備)는 한왕조(漢王朝)의 유(劉)씨와 같은 성씨였기 때문에 후한(後漢) 황실의 후예임을 내세워 한(漢)을 건국한 것인데 통일왕조 후한(後漢)과 구별하기 위해서 유비(劉備)가 건국한 한(漢)을 촉한(蜀漢)이라고 부른다. 222년 오(吳)의 왕(王)이 되었던 손권(孫權)도 229년에 독자적으로 오(吳)의 황제가 되었다. 이로써 위(魏)·촉(蜀)·오(吳) 삼국(三國)이 정립(鼎立)되어 삼국시대가 된 것이다.

265년 사마씨(司馬氏)가 조조의 조씨(曹氏) 왕조인 위(魏)를 멸망시키고 진(晉)을 건국하였다. 280년 진(晉)은 강남(江南)지역의 오(吳)를 멸망시키고 중국대륙을 통일하였다. 이로써 난세(亂世)의 삼국시대는 끝났다. 이때의 진(晉)을 서진(西晉)이라고 부른다.

오(吳)의 수도 건업(建業)은 오늘날 난징(南京)이다. 건업(建業)지역은 장강(長江)이 남서쪽에서 북동쪽으로 흐르는 부분의 동쪽에 위치한 지역이기 때문에 강동(江東)이라고도 부른다. 이 때문에 오(吳)를 동오(東吳)라고 부르기도 한다.

서진(西晉)은 정치부패, 팔왕의 난(八王의 亂) 등 내란으로 국력이 쇠약해지고 결국 흉노(匈奴) 등 북방의 소수민족들이 침입하여 멸망하였다. 317년 일부 살아남은 진(晉)의 황족인 사마씨(司馬氏)가 중국의 남쪽 강남(江南)지역에서 동진(東晉)을 건국하여 진(晉)의 명맥을 이었다. 중국의 북쪽 화북(華北)지역에서는 서진(西晉)이 멸망한 316년부터 439년까지 5호(五胡) 16국(國)이 난립하여 강남(江南)지역의 동진(東晉)과 함께 중국 사회는 대분열 시기를 거치게 되었다. 420년 동진(東晉)이 멸망하고 남조(南朝)의 첫 번째 왕조(王朝)인 송(宋)이 건국되었다. 420년부터 589년까지 존속한 남조(南朝)와 439년부터 581년까지 존속한 북조(北朝)는 동진 16국(東晉十六國) 분열 상태의 계속이라 할 수 있었다. 북조(北朝)의 시기(始期)인 439년은 북위(北魏)가 분열 상태의 화북(華北)을 통일한 해이다.

남조(南朝)는 순서대로 건국된 4개의 왕조 송(宋), 제(齊), 양(梁), 진(陳)을 말한다. 삼국시대 중국의 남쪽 강남(江南)지역에서 건국된 오(吳), 317년에 건국된 동진(東晉), 송(宋), 제(齊), 양(梁), 진(陳)을 합하여 6조(六朝)라 부르기도 한다. 420년 송(宋)이 건국된 초기에는 남조(南朝)의 정치경제가 상승하는 추세였으나 중국의 북쪽 화북(華北)지역에 대한 북벌(北伐)의 실패 후 송(宋)의 국력은 쇠약해지기 시작했다. 제(齊)와 양(梁)의 시기에는 정치가 부패하고 사회가 불안해졌다. 마지막 남조(南朝)의 왕조인 진(陳)은 강남(江南)지역의 영토가 더욱 축소되어 국력이 더욱 쇠약해졌다. 589년 수(隋)는 쇠약해진 진(陳)을 멸망시키고 중국의 세 번째 통일왕조가 된다.

439년 북위(北魏)는 중국의 북부지역 화북(華北)을 통일하였다. 북위(北魏)는 386년에 선비족(鮮卑族)의 귀족(貴族)이 세운 왕조였다. 건국 당시의 국호는 위(魏) 또는 대위(大魏)였으나 후세의 역사가들이 중국 전국시대의 위(魏) 혹은 삼국시대의 위(魏)와 구분하기 위하여 북위(北魏)라고 불렀다. 북위(北魏)는 효문제(孝文帝) 시기에 한화정책(漢化政策)을 중심으로 한 전면개혁을 실시했고 민족융합으로 사회 발전을 촉진시켰다. 그러나 후기에는 통치 집단 내부에서 혼란스러운 권력 투쟁이 일어나고 농민들의 봉기(蜂起)가 끊이지 않았다. 결국 북위(北魏)는 동위(東魏)와 서위(西魏)로 분열하였다. 얼마 안 있어 동위(東魏)는 북제(北齊)로 대체되고 서위(西魏)는 북주(北周)로 대체되었다. 북주(北周)는 일련의 개혁을 진행하여 국력을 증강시켰다. 577년 북주(北周)는 북제(北齊)를 멸망시키고 화북(華北)을 통일하였다. 북위(北魏), 동위(東魏), 서위(西魏) 북제(北齊), 북주(北周)를 합하여 북조(北朝)라고 부른다.[2]

---

2 呂思勉 著, 『中国通史』 彩图珍藏版, 中华书局, 2024年, 106-107面, 138-141面, 147-157面 및 張承望 著, 『中国大歷史』 二版, 海鴿文化出版圖書有限公司, 2024年, 269-271面, 302-303面, 316面 그리고 李泉 編著, 『一本就通 中國史』 二版, 聯經出版事業股份有限公司, 2022年, 121面, 131面, 143面, 154面 및 龔書鐸 劉德麟 主編, 『三國 · 兩晉 · 南北朝』 圖說中國 04, 智能教育, 2022年, 22面, 그리고 岡本隆司 監修, 『一冊でわかる中国史』, 河出書房新社, 2020年, 71面, 87面 및 木村靖二·岸本美緒·小松久男 編, 『詳說 世界史研究』, 山川出版社, 2020年, 98面, 112面, 그리고 木村靖二·岸本美緒·小松久男 編, 『もういちど讀む山川世界史PLUS アジア編』, 山川出版社, 2022年, 79面 및 John Keay, 『CHINA』, HarperPress, 2009, p. 17, 그리고 玉木俊明, 『ユーラシア大陸興亡史』, 株式会社 平凡社, 2024年, 88面 및 岸本美緒, 『中国の歴史』, 筑摩書房, 2021年, 84-89面, 그리고 窪添慶文, 『北魏史 洛陽遷都の前と後』, 東方書店, 2022年, まえがき ii-iii面.

중국 남북조시대(南北朝時代)의 남조(南朝)는 한족(漢族)의 왕조(王朝)였고, 북조(北朝)는 북방 이민족(異民族)인 선비족(鮮卑族)의 왕조(王朝)였다.[3] 참고로 한족(漢族) 또는 이민족(異民族)에 의하여 건국된 중국의 주요 통일왕조(統一王朝)를 시기순으로 나열하면 다음과 같다.[4]

기원전 221년 진(秦)은 한족(漢族) 조씨(趙氏)가 건국했다. 진(秦)의 건국자는 조정(趙政)이다. 조정(趙政)은 시황제(始皇帝) 또는 진시황제(秦始皇帝)라고 불린다. 진(秦)은 중국 최초의 통일왕조이다. 진(秦)은 영어로 'Qin'으로 표시한다.

기원전 202년 한(漢)은 한족(漢族) 유씨(劉氏)가 건국했다. 한(漢)의 건국자는 유방(劉邦)이다. 한(漢)은 영어로 'Han'으로 표시한다.

기원후 3세기 진(晉)은 한족(漢族) 사마씨(司馬氏)가 건국했다. 진(晉)의 건국자는 사마염(司馬炎)이다. 진(晉)은 영어로 'Jin'으로 표시한다.

6세기 수(隋)는 선비족(鮮卑族) 양씨(楊氏)가 건국했다. 수(隋)의 건국자는 양견(楊堅)이다. 수(隋)는 영어로 'Sui'로 표시한다.

---

3 宇山卓栄, 『「民族」で讀み解く世界史』, 日本実業出版社, 2018年, 42-43面.

4 宇山卓栄, 『「民族」で讀み解く世界史』, 日本実業出版社, 2018年, 45-47面 및 John Keay, 『CHINA』, HarperPress, 2009, pp. 16-17, p. 80, p. 188, p. 206, pp. 362-364.

7세기 당(唐)은 선비족(鮮卑族) 이씨(李氏)가 건국했다. 당(唐)의 건국자는 이연(李淵)이다. 당(唐)은 영어로 'Tang'으로 표시한다.

10세기 송(宋)은 투르크인 사타족(沙陀族) 조씨(趙氏)가 건국했다. 송(宋)의 건국자는 조광윤(趙匡胤)이다. 송(宋)은 영어로 'Song'으로 표시한다.

13세기 원(元)은 몽골족(Mongol族) 보르지긴 씨(氏)가 건국했다. 원(元)의 건국자는 쿠빌라이(Qubilai)이다. 쿠빌라이는 칭기즈 칸(Genghis Khan)의 후손이다. 원(元)은 영어로 'Yuan'으로 표시한다.

14세기 명(明)은 한족(漢族) 주씨(朱氏)가 건국했다. 명(明)의 건국자는 주원장(朱元璋)이다. 명(明)은 영어로 'Ming'으로 표시한다.

17세기 청(淸)은 만주여진족(滿洲女眞族) 애신각라씨(愛新覺羅氏)가 건국했다. 청(淸)의 건국자는 누르하치(Nurhachi)이다. 청(淸)은 영어로 'Qing'으로 표시한다.

II. 후한(後漢)과 삼국시대(三國時代)

한제국(漢帝國)은 B.C. 202년부터 A.D. 220년까지 약 400년간 존속했다. B.C. 202년부터 A.D. 8년까지를 전한(前漢)이라고 부르고 A.D. 25년부터 A.D. 220년까지를 후한(後漢)이라고 부른다. 전한(前漢)이 멸망한 후 후한(後漢)이 다시 건국될 때까지 중간에 A.D. 8년부터 A.D. 23년까지 왕망이 건국한 신(新)이 짧게 존속했다. 전한(前漢)을 서한(西漢)이라고 부르고 후한(後漢)을 동한(東漢)이라고 부르기도 한다. 전한(前漢)의 수도는 장안(長安)이었고 후한(後漢)의 수도는 낙양(洛陽)이었는데 낙양(洛陽)의 위치가 장안(長安)보다 동(東)쪽에 있었기 때문이다. 중국의 한제국(漢帝國)이 아시아의 강대국으로 군림하던 시기에 유럽에서는 로마(Rome)가 강대국으로 군림하고 있었다.

220년 한제국(漢帝國)이 멸망한 이후 중국의 역사는 새로운 시대로 돌입하였다. 위진남북조시대(魏晉南北朝時代)라고 불리는 장기간 분열과 혼란의 시대였다. 장기간에 걸친 분열의 밑바탕에는 중국 사회의 다원화(多元化)와 다양화(多樣化)가 있었다. 첫째, 장안(長安)과 낙양(洛陽)으로 대표되는 황하 유역 중심지의 절대적인 선진성(先進性)이 약해졌다. 한제국이 붕괴되기 전에는 주변(周邊)에 불과했던 지방

(地方)이 발전하기 시작했다. 둘째, 한문화(漢文化)에 접촉했던 유목민족들이 자립하여 중국문화의 새로운 담당자가 되었다. 셋째, 종교와 예술이 발전하고, 중국문화가 이민족(異民族)에게 널리 퍼지게 되었다. 넷째, 중국의 다원화와 다양화는 동(東)아시아 세계의 형성 및 발전을 촉진시켰다.

후한(後漢) 말기 한(漢)왕조가 쇠퇴하고 농민반란이 빈발하였다. 184년 도교(道教)의 하나인 신흥종교 태평도(太平道)의 교주 장각(張角)이 황건적(黃巾賊)의 난(亂)을 일으켰다. 중국 각지의 호족(豪族)들은 황건적의 난을 진압하는 데 참여했고 그 과정에서 세력이 커졌다. 호족들은 유랑민(流浪民)들에게 옷과 음식을 제공하여 농노(農奴)로 종속시키기도 하고 사적인 병력(兵力)으로 삼아 세력을 키워 나갔다. 이러한 호족세력에서 지역사회의 통솔자가 나타났는데, 그 대표적인 인물이 원소(袁紹)였다. 원소(袁紹)는 사세삼공(四世三公)의 명문가 출신이었다. 四世三公은 4대에 걸쳐 최고위 고관(高官)을 배출한 것을 말한다. 호족들은 황건적 잔당과 소수민족을 거두어들여 군벌(軍閥)세력으로 발전하였다. 군벌들은 연합하여 후한(後漢)의 수도 낙양(洛陽)으로 쳐들어가 환관(宦官) 2,000여 명을 살해했다. 그 후 군벌들은 서로 이해가 갈려서 얼마 안 있어 『삼국지(三國志)』와 『삼국지연의(三國志演義)』에서 기술된 군웅할거(群雄割據)의 시대가 되었다.

원(元) 말기인 14세기 후반에 나관중(羅貫中)이 쓴 소설 『삼국지연의(三國志演義)』를 『삼국지(三國志)』라고 부르는 경우가 많지만 『삼국지(三國志)』는 소설이 아니다. 『삼국지(三國志)』는 280년에 삼국시대가 끝나고 난 후 290년 무렵에 서진(西晉)의 관리인 진수(陳壽)가 쓴 역사서이다. 『삼국지(三國志)』는 위지(魏志), 촉지(蜀志), 오지(吳志)로 구성되어 있다. 위지(魏志)에 동이전(東夷傳)이 있다. 소설 『삼국지연의(三國志演義)』와 달리 역사서 『삼국지(三國志)』는 사실(史實)에 충실한 것은 물론, 『삼국지(三國志)』는 삼국 중에서 위(魏)를 중심으로 쓰여져 있다. 소설 『삼국지연의(三國志演義)』는 위(魏)를 정통왕조로 보지 않고 촉(蜀)을 정통왕조로 본다. 진수(陳壽)는 촉(蜀) 출신이지만 위(魏)를 계승하여 삼국을 통일한 서진시대(西晉時代)에 서진(西晉)의 관리로 살았기 때문에 위(魏)를 중심으로 『삼국지(三國志)』를 저술한 것이다. 소설 『삼국지연의(三國志演義)』는 후한(後漢)왕조의 부흥을 목표로 내건 촉(蜀)에 정의(正義)가 있다고 한 주자학(朱子學)의 영향을 받은 것으로 보인다.

조조(曹操)는 후한(後漢)의 황제 헌제(獻帝)를 영입한 후 최대의 라이벌이었던 원소(袁紹)를 격파하고 패자(霸者)가 되어 화북(華北)을 통일하였다. 208년 조조(曹操)는 천하를 통일하기 위하여 대군을 이끌고 강남지역을 공격하였으나 적벽전투(赤壁戰鬪)에서 손권(孫權)과 유비(劉備) 연합군에게 패하였다. 적벽전투(The Red Cliffs battle)에서 승리한 손권은 장강(長江) 하류에 대한 지배를 확고히 했고, 유비는 장강(長江) 상류의 사천(四川)으로 들어가서 지역개발을 진행시켰다. 조조(曹操)는 후한(後漢)의 권위를 이용하기 위하여 스스로는 위왕(魏王)에 머물러 있으면서 황제가 되지는 않았다.

강남(江南)지역을 제압하는 데 실패한 조조(曹操)가 220년에 죽자 조조의 아들 조비(曹丕)는 후한(後漢)의 황제 헌제(獻帝)로부터 선양(禪讓)을 받아 위왕조(魏王朝)를 창설했다. 221년 촉(蜀)의 유비(劉備)도 한왕조(漢王朝)를 계승하여 황제가 되었고, 222년에 오(吳)의 왕(王)이 된 손권(孫權)도 229년에는 오(吳)의 황제가 되었다. 위(魏)·촉(蜀)·오(吳) 삼국(三國)이 정립(鼎立)되어 삼국시대가 된 것이다.

후한(後漢)시대에 설치했던 13주(州) 중에서 위(魏)가 9주(州), 오(吳)가 3주(州), 촉(蜀)은 겨우 1주(州)를 점유하였다. 하지만 오(吳)와 촉(蜀)이 점유한 지역은 후한(後漢)시대에 인구가 크게 증가한 지역으로 이 무렵 황하(黃河) 유역 이외의 지역에도 중국문화의 중심지가 출현하는 시대에 접어들었다. 263년 촉(蜀)은 위(魏)에게 멸망당한다. 265년 위(魏)는 서진(西晉)에게 멸망당한다. 280년 오(吳)가 서진(西晉)에게 멸망당하면서 삼국시대(三國時代)는 끝난다.[5]

---

5 木村靖二·岸本美緒·小松久男 編, 『詳說 世界史研究』, 山川出版社, 2020年, 109-110面 및 木村靖二·岸本美緒·小松久男·橋場弦 監修, 『山川 詳說世界史圖錄』 第5版, 山川出版社, 2023年, 52面, 그리고 池田嘉郎·上野愼也·村上衛·森本一夫 編, 『名著で讀む世界史120』, 山川出版社, 2016年, 210-212面 및 玉木俊明, 『ユーラシア大陸興亡史』, 株式会社 平凡社, 2024年, 74面, 그리고 岡本隆司, 『世界史とつなげて學ぶ 中国全史』, 東洋經濟新報社, 2020年, 37面 및 龜井高孝·三上次男·林健太郎·堀米庸三 編, 『世界史年表·地図』, 吉川弘文館, 2024年, 15-19面, 그리고 J. M. Roberts and O. A. Westad, 『The Penguin History of the World』

Sixth edition, Penguin Books, 2014, pp. 320-321 및 John Keay, 『CHINA』, HarperPress, 2009, p. 16, 그리고 Clive Ponting, 『World History : A New Perspective』, Pimlico, 2001, p. 266 및 Michael Wood, 『THE STORY OF CHINA』, St. Martin's Press, 2020, pp. 123-124, 그리고 Linda Jaivin, 『The Shortest History of China』, Old Street Publishing, 2022, pp. 52-53, p. 56, p. 59 및 岡田和一郎·永田拓治 編, 『漢とは何か』, 東方書店, 2022年, 39-40面, 그리고 張承望 著, 『中国大歷史』 二版, 海鴿文化出版圖書有限公司, 2024年, 215面.

Ⅲ. 삼국시대를 끝내고 중국대륙을 통일한 서진(西晉)

삼국(三國) 중 국력이 압도적으로 강했던 위(魏)는 263년에 촉(蜀)을 멸망시켰다. 촉(蜀)을 멸망시킬 당시 위(魏)의 실권자는 위(魏)의 장군 사마의(司馬懿)의 아들 사마소(司馬昭)였다. 265년 사마소의 아들 사마염(司馬炎)은 위(魏)를 멸망시키고 진(晉)을 건국하였다. 사마염의 진(晉)은 280년에 오(吳)를 멸망시키고 중국대륙을 다시 통일했다. 그러나 290년에 진(晉) 황실 내부의 권력다툼인 8왕(八王)의 난(亂)이 일어나면서 진(晉)은 내란상태가 되었다. 내란을 주동한 주요 황족 제후왕(諸侯王)이 8명이기 때문에 8왕(八王)의 난이라고 부른다. 8왕(八王)의 난이 전개되면서 각 왕(王)들은 변방의 흉노(匈奴), 선비(鮮卑) 등 이민족들을 용병(傭兵)으로 사용하여 서로 싸웠다. 이 과정에서 이민족들은 권력투쟁에 휘말린 진(晉)의 통치기반이 혼란해지고 쇠약해지는 것을 지켜보면서 진(晉)의 멸망 전후 각각 독자적인 왕조를 수립하게 된다. 이들 이민족들이 세웠다 망한 여러 왕조를 통칭하여 5호 16국(五胡十六國)이라고 부른다. 이때의 대표적인 이민족은 다섯의 오랑캐인 흉노(匈奴), 선비(鮮卑), 저(氐), 강(羌), 갈(羯)이다.

이보다 앞서,

서기 3세기에 중국의 북동쪽에서 일어난 선비족(鮮卑族)이 흉노족(匈奴族)을 대신하여 몽골고원의 패자(霸者)가 되었다. 후한(後漢)은 이미 후한에 복속되어 있던 남흉노(南匈奴)를 이용하여 선비족(鮮卑族)의 남하를 막으려고 했다. 후한(後漢)이 멸망하고 군웅할거(群雄割據)의 시대로 들어가면 각 지역의 군벌은 선비, 흉노뿐만 아니라 중국의 서쪽에 있는 저(氐), 강(羌)이라 불리는 이민족(異民族)을 자기편으로 만들려고 힘썼다. 진(晉) 내부의 권력투쟁인 8왕(八王)의 난(亂)은 여러 이민족들에게 한층 더 활약할 기회를 준 결과가 되었다. 중국 내지(內地)에 있는 흉노세력을 통합한 흉노의 유연(劉淵)은 304년에 독자적으로 한(漢)을 건국하였고 한(漢)이란 국호는 나중에 전조(前趙)로 바뀐다. 유연(劉淵)이 건국한 흉노의 한(漢)은 진(晉)을 공격하였다. 311년 한(漢=前趙(전조))은 낙양(洛陽)을 침공하였고, 316년에는 장안(長安)을 침공하여 진(晉)의 황제를 사로잡았다. 이것을 영가(永嘉)의 난(亂)이라고 한다. 한족(漢族)국가인 진(晉)에 대한 이민족의 반란이었다. 이로써 316년에 진(晉)은 일단 멸망하였다.

그러나 317년에 진(晉)의 황족인 사마예(司馬睿)가 강남지역 건강(建康)에서 진왕조(晉王朝)를 재건(再建)하였다. 건강(建康)은 지금의 중국 남경(南京)이다. 낙양(洛陽)과 장안(長安)에 수도를 둔 진(晉)을 서진(西晉)이라고 한다. 건강(建康)에 수도를 둔 진(晉)을 동진(東晉)이라고 한다. 서진의 존속기간은 265년부터 316년까지이고 동진의 존속기간은 317년부터 420년까지이다. 강남지역에서 동진이 존속한 시기에 화북(華北)지역에서는 여러 민족들이 잇달아 각각 국가를 세우고 망했는데 이 시기를 5호 16국(五胡十六國) 시대라고 부른다. 5호(五胡)는 다섯의 오랑캐 민족을 의미한다. 5호 16국의 시기(始期)는 304년이고 종기(終期)는 439년이다. 304년 저족(氐族)의 이웅(李雄)이 성한(成漢)을 건국하고, 같은 해 흉노족(匈奴族)의 유연(劉淵)이 한(漢=前趙(전조))을 건국하면서 5호 16국 시대가 시작되었다. 439년 북위(北魏)가 5호 16국의 마지막 국가인 북량(北涼)을 멸망시켰다. 386년 건국한 북위(北魏)는 376년에 멸망한 대국(代國)의 후신(後身)이다. 어느 민족이 5호(五胡)에 해당되는지는 일정한 것은 아니지만 일반적으로 흉노(匈奴), 선비(鮮卑), 저(氐), 강(羌), 갈(羯)을 5호(五胡)라고 본다. 갈(羯)은 흉노의 한 종족(種族)이다.[6)]

5호 16국(五胡十六國)은 정확한 명칭이 아니다. 16국(十六國) 중에서 전량(前涼)과 서량(西凉)은 한족(漢族)국가이고, 16국 외에도 대(代), 염위(冉魏), 서연(西燕), 적위(翟魏), 북위(北魏), 구지국(仇池國)이 있었기 때문이다. 따라서 5호(五胡) 및 한족(漢族)의 제국(諸國) 시대가

---

6 木村靖二·岸本美緒·小松久男 編, 『もういちど讀む山川世界史PLUS アジア編』, 山川出版社, 2022年, 76面 및 木村靖二·岸本美緒·小松久男 編, 『詳說 世界史研究』, 山川出版社, 2020年, 110面, 그리고 玉木俊明, 『ユーラシア大陸興亡史』, 株式会社 平凡社, 2024年, 89-90面 및 Clive Ponting, 『World History : A New Perspective』, Pimlico, 2001, pp. 266-267, 그리고 沢田勳, 『匈奴 古代遊牧国家の興亡』 新訂版, 東方書店, 2021年, 213-214面.

좀 더 정확한 표현이다.[7)]

4세기에 이르면 중앙 유라시아의 초원지대 동쪽 및 서쪽에서는 기마유목민(騎馬遊牧民)의 활동이 활발해진다. 초원지대 동쪽에서는 다섯 오랑캐 민족인 흉노, 선비, 저(氐), 강(羌), 갈(羯)이 화북(華北)지역을 지배하고 있던 진(晉)에 반항하였고, 결국 흉노가 진(晉)의 수도 낙양(洛陽)을 침공하여 서진(西晉)을 멸망시키기에 이르렀다. 그 후 화북(華北)에서는 한동안 기마유목민인 오랑캐 민족들 및 한족의 국가들이 흥망하는 시대가 도래했는데 이것이 5호 16국(五胡十六國) 시대이다. 304년부터 시작된 5호 16국(五胡十六國)의 혼란기에 있던 화북(華北) 지역을 439년에 통일한 국가가 북위(北魏)였다. 북위(北魏)는 당시 화북(華北)지역에 위치하고 있었던 국가였지만 5호 16국(五胡十六國)에는 포함시키지 않는다. 북위(北魏)의 전신(前身)은 315년부터 376년까지 존속했던 대국(代國)이다. 376년 대국(代國)은 전진(前秦)에게 멸망당했다. 386년 선비족 탁발규(拓跋珪)가 대국(代國) 왕에 즉위했고, 국호를 대(代)에서 위(魏)로 변경한 것이다. 대(代)의 후신(後身)인 위(魏)가 바로 북위(北魏)이다.

4세기 후반 중앙 유라시아의 서쪽 지역에서 출현한 훈족(Huns)이 흑해(黑海) 연안에 있는 돈강(Don River)을 건너 동유럽 쪽으로 이

---

7 窪添慶文, 『北魏史 洛陽遷都の前と後』, 東方書店, 2022年, 10-12面, 112面 및 木村靖二·岸本美緒·小松久男 編, 『詳說 世界史研究』, 山川出版社, 2020年, 111面.

동한다. 훈족은 게르만의 여러 부족을 유럽 서쪽으로 밀어내는 역할을 했다. 5세기 전반에는 훈족의 왕 아틸라가 오늘날의 헝가리에 해당하는 지역에서 대제국(大帝國)을 건국했고, 서로마 제국은 게르만족과 연합하여 훈족과 전투를 벌이기도 하였다. 훈족(Huns)은 북흉노(北匈奴)에서 유래했다고 하는 흉노=훈 동족설(同族說)에 대한 논쟁이 수백년 전부터 지금까지 계속 진행 중이다. 흉노(匈奴)라는 한자(漢字)의 원음이 훈(Hun)과 비슷하지만 흉노=훈 동족설을 뒷받침하는 확실한 사료(史料)는 없다. 강대한 흉노에 대한 기억과 소문으로부터 훈(Hun)이라는 이름이 생겨났다고 추리했는지도 모른다. 다양한 유목민집단을 포함하고 있던 훈족(Huns) 세력에는 북흉노(北匈奴)의 자손들이 있었을 것이다. 어떻든 중앙 유라시아에서 출현한 유목기마민(遊牧騎馬民)들이 유라시아에서 대규모 변동을 초래했다는 사실은 분명하다. 이들 유목기마민은 동쪽에서 서쪽으로 이동하고 있었으며, 그 대부분은 투르크어 등 알타이어족에 속한다.[8)]

8 木村靖二·岸本美緒·小松久男 編, 『もういちど讀む山川世界史PLUS アジア編』, 山川出版社, 2022年, 72面 및 木村靖二·岸本美緒·小松久男 編, 『詳說 世界史硏究』, 山川出版社, 2020年, 107面, 그리고 窪添慶文, 『北魏史 洛陽遷都の前と後』, 東方書店, 2022年, 6面, 11-12面, 83面, 278-279面.

Ⅳ. 동진(東晉)과 5호 16국(五胡十六國)

304년 화북에서 흉노족 유연(劉淵)이 건국한 한(漢=前趙(전조))의 공격으로 진(晉)의 황제가 사로잡힌 영가(永嘉)의 난(亂)으로 인하여 316년에 진(晉)은 멸망하였다. 317년 진(晉)의 황족 사마예(司馬睿)는 강남(江南)지역에서 다시 나라를 일으켰다. 이 나라를 동진(東晉)이라 한다. 동진(東晉)은 화북(華北)지역을 잃은 진(晉)나라였고, 서진(西晉)은 화북(華北)과 강남(江南)을 모두 가진 통일제국 진(晉)나라였다.

사마예(司馬睿)는 진(晉)을 받드는 수많은 세력과 하서회랑(河西回廊)에 위치하고 있던 전량(前涼)의 건국자 한족(漢族)의 장식(張寔)과 동북지역에 위치하고 있던 선비족(鮮卑族)의 모용외(慕容廆)로부터도 지지를 얻어 동진(東晉)의 황제에 즉위했다. 모용외(慕容廆)는 전연(前燕)의 건국자 모용황(慕容皝)의 아버지이다. 한편 351년에 저족(氐族)의 부건(符健)이 5호 16국(五胡十六國) 중 하나인 전진(前秦)을 건국했다. 전진(前秦)의 3대 황제 부견(符堅)은 전연(前燕), 전량(前涼), 대국(代國)을 멸망시키고 화북(華北)을 통일했다. 대국(代國)은 선비족(鮮卑族)이 세운 북위(北魏)의 전신(前身)이다.

화북(華北)의 패권을 잡은 전진(前秦)의 황제 부견(符堅)은 천하통일을 이루기 위하여 383년에 강남의 동진(東晉)을 공격하였다. 그러나 전진(前秦)의 대군(大軍)은 비수(淝水)에서 동진(東晉)에게 크게 패하였다. 이것이 비수대전(淝水大戰)이다. 저족(氐族)이 세운 전진(前秦)은 비수(淝水)의 전투에서 패배한 후 얼마 안 있어 394년에 강족(羌族)이 세운 후진(後秦)에게 멸망당했다. 후진(後秦)은 417년에 강남의 동진(東晉)에게 멸망당했다.[9)]

강남의 동진(東晉)은 383년에 비수(淝水)의 전투에서 겨우 승리했지만 화북(華北)에 대한 영향력은 상실했고 정치도 불안정해져 갔다. 399년 오두미도(五斗米道)의 지도자 손은(孫恩)은 동진(東晉)을 공격하기 위하여 저장성(浙江省(절강성))의 도시 회계(會稽)를 습격하였다. 오두미도(五斗米道)는 도교(道敎)의 원류 종파 중 하나로 천사도(天師道)라고도 부른다. 민간신앙인 오두미도(五斗米道)는 당시 강서성(江西省), 복건성(福建省) 등 강남(江南)지역에서 세력 기반을 형성하고 있었다. 오두미도(五斗米道)에 호응하여 강남지역 각지에서 반란이 일어났고, 반란세력은 수십만 명의 규모로 불어났다.

---

9 木村靖二·岸本美緖·小松久男 編, 『詳說 世界史硏究』, 山川出版社, 2020年, 110面 및 李泉 編著, 『一本就通 中國史』 二版, 聯經出版事業股份有限公司, 2022年, 156面, 그리고 窪添慶文, 『北魏史 洛陽遷都の前と後』, 東方書店, 2022年, 11面 및 John Keay, 『CHINA』, HarperPress, 2009, pp. 209-210.

402년 형주(荊州)의 군벌인 환현(桓玄)은 무력을 앞세워 건강(建康)에 입성하여 403년에 황제에 즉위했다. 동진(東晉)의 장군 유유(劉裕) 등은 즉각 군사를 일으켜 환현(桓玄)을 타도했다. 하지만 오두미도(五斗米道)의 지도자 손은(孫恩)의 매제 노순(盧循)이 혼란스러운 기회를 이용하여 광저우(広州)를 점거하는 등 동진(東晉)의 권위는 점점 실추되고 있었다. 손은(孫恩)의 반란을 진압하고 환현(桓玄)을 토벌하여 공적을 세운 유유(劉裕)는 북벌(北伐)을 행하여 전진(前秦)이 멸망한 후에 일어난 산동(山東)지역의 남연(南燕)과 하남(河南)·관중(關中)을 지배하고 있던 후진(後秦)을 멸망시켰다. 남연(南燕)은 선비족(鮮卑族)국가였고 후진(後秦)은 강족(羌族)국가였다. 일시적으로 화북(華北)지역의 중심지인 낙양(洛陽)과 장안(長安)을 탈환하는 등의 공적을 세운 유유(劉裕)는 420년에 송(宋)을 건국하고 초대 황제 무제(武帝)가 되었다. 이로써 동진(東晉)은 멸망했다. 송(宋)이 건국됨에 따라 강남에서 남조(南朝)가 시작된다. 유유(劉裕)가 건국한 송(宋)나라를 유송(劉宋)이라고 부른다.[10)]

304년부터 439년까지 사천(四川)지방을 포함한 화북(華北)지역에서 흥망한 5호 16국(五胡十六國)을 정리하면 다음과 같다.[11)]

---

10 木村靖二·岸本美緒·小松久男 編,『詳說 世界史研究』, 山川出版社, 2020年, 110-111面 및 玉木俊明,『ユーラシア大陸興亡史』, 株式会社 平凡社, 2024年, 95面, 그리고 宇山卓栄,『「宗教」で読み解く世界史』, 日本実業出版社, 2020年, 90-91面.

11 呂思勉 著,『中国通史』彩图珍藏版, 中华书局, 2024年, 147-153面 및 李泉 編著,『一本就通 中國史』二版, 聯經出版事業股份有限公司, 2022年, 156面, 그리고 窪添慶文,『北魏史 洛陽遷都の前と後』, 東方書店, 2022年, 11面 및 木村靖二·岸本美緒·小松久男 編,『詳說 世界史研究』, 山川出版社, 2020年, 111面.

16국(十六國) 중에서 전량(前涼)과 서량(西涼)은 한족(漢族)국가이고, 16국 외에도 대(代), 염위(冉魏), 서연(西燕), 적위(翟魏)가 더 있었다. 적위(翟魏)는 정령족(丁零族)이 세운 국가였다. 이 시기에 화북(華北)지역에서 활약한 북위(北魏)도 5호 16국에 포함시키지 않는다. 따라서 5호 16국(五胡十六國)은 실제 상황을 정확하게 표현한 것은 아니다.

國名	創建者	民族	都城	시작과 끝난 해	멸망시킨 국가
成漢	李雄	氐	成都	304-347	東晉
漢(前趙)	劉淵	匈奴	平陽 (後長安)	304-329	後趙
前涼	張寔	漢	姑臧	314-376	前秦
代	拓跋猗盧	鮮卑	平城	315-376	前秦
後趙	石勒	羯	襄國 (後鄴)	319-350	冉魏
前燕	慕容皝	鮮卑	龍城 (後鄴)	337-370	前秦
冉魏	冉閔	漢	鄴	350-352	前燕
前秦	苻健	氐	長安	351-394	後秦
後燕	慕容垂	鮮卑	中山	384-407	北燕
西燕	慕容泓	鮮卑	長安 (後長子)	384-394	後燕
後秦	姚萇	羌	長安	384-417	東晉
西秦	乞伏國仁	鮮卑	苑川	385-431	夏
後涼	呂光	氐	姑臧	386-403	後秦
翟魏	翟遼	丁零	滑臺	388-392	後燕
南涼	禿髮烏孤	鮮卑	廉川堡 (後西平)	397-414	西秦
北涼	沮渠蒙遜	匈奴	張掖	397-439	北魏
南燕	慕容德	鮮卑	廣固	398-410	東晉
西涼	李暠	漢	敦煌	400-421	北涼
夏	赫連勃勃	匈奴	統萬	407-431	吐谷渾
北燕	馮跋	漢	龍城	407-436	北魏

V. 중국 남북조시대(南北朝時代)의 시작

중국의 남북조(南北朝) 시대는 439년에 시작된다.

386년 대국(代国)을 부흥한 선비족(鮮卑族) 탁발부(拓跋部)의 왕 탁발규(拓跋珪)는 곧 국호를 대(代)에서 위(魏)로 개칭하였다. 이것이 북위(北魏)이다. 전진(前秦)이 멸망한 이후 북위(北魏)의 탁발규(拓跋珪)는 선비족의 후연(後燕)을 격파하고 398년에 수도를 성락(盛樂)에서 평성(平城)으로 이전하고 북위의 초대황제 도무제(道武帝)가 되었다. 성락(盛樂)은 내몽골자치구의 화림격이현(和林格爾県)이고, 평성(平城)은 산서성(山西省) 대동시(大同市)이다. 도무제(道武帝) 탁발규(拓跋珪)는 부족(部族)을 해산시키고 황제가 부족민(部族民)을 직접 지배하는 것으로 정했다.

도무제(道武帝) 탁발규의 손자 태무제(太武帝)는 423년에 즉위하자마자 몸소 적극적으로 원정(遠征)을 행하였다. 태무제는 불과 15년 정도 사이에 북쪽으로는 유연(柔然)을 몰아내고, 동쪽으로는 한족(漢族)의 북연(北燕)을 멸망시키고 서쪽으로는 흉노족(匈奴族)의 하(夏)를 멸망시켰다. 그리고 439년에는 하서회랑(河西回廊)을 지배하고 있던 흉노족의 북량(北涼)을 멸망시켜 화북(華北)지역의 적대세력을 싹 제거했다. 북위(北魏) 태무제(太武帝)가 화북(華北)지역을 통일한 439년이 남북조(南北朝)시대가 시작되는 해이다.

이미 420년에 강남(江南)지역에서 건국한 송(宋)의 문제(文帝)는 북위(北魏)에 대하여 대대적인 북벌(北伐)을 감행했지만, 도리어 막강한 군사력을 보유한 북위(北魏) 태무제(太武帝)의 남벌(南伐)을 초래하여 남조(南朝)의 송(宋)에 위협이 되는 결과가 되었다. 남조(南朝)의 송(宋)에서 황위(皇位)의 계승을 둘러싸고 내란이 일어나자 북위(北魏)는 그 기회를 이용하여 회하(淮河) 이북의 지역을 병합했다.

북위(北魏)의 문명태후(文明太后)는 어린 효문제(孝文帝)를 대신하여 섭정(攝政)을 행하였다. 문명태후를 풍태후(馮太后)라고도 부른다. 문명태후는 삼장제(三長制)와 균전제(均田制)를 창설하여 지방호족(豪族)의 지배하에 있던 민중을 호적(戶籍)에 편입시키고 토지를 나누어 주어 중앙정부의 병역징발(兵役徵發)과 조세수입의 기반을 확충했다.

삼장제(三長制)는 5가(家)를 1린(隣), 5린(隣)을 1리(里), 5리(里)를 1당(黨)으로 하는 제도로 린(隣)·리(里)·당(黨)이라는 3등급(三等級)의 기층조직(基層組織)이었다. 린(隣)에는 인장(隣長), 리(里)에는 이장(里長), 당(黨)에는 당장(黨長)이라는 우두머리를 두었다. 삼장제(三長制)는 촌락 단위로 주민을 조직해서 중앙정부의 통치를 효율적으로 수행하기 위한 지방행정제도였다.

균전제(均田制)는 농민들에게 논밭을 나누어 주어 그 논밭에서 수확되는 작물의 일부를 세금으로 받아들이는 제도였다. 균전제(均田制)는 북위(北魏) 이후의 왕조에도 계승되어 국가의 세수입(稅收入)을 유지하는 기반이 되었다. 균전제(均田制)는 일본에도 전해져 일본의 토지분여(土地分與)제도인 班田收授法(반전수수법)의 모델이 되었다.

그 후 효문제(孝文帝)는 친정(親政)을 개시하면서 조정(朝廷)에 남아 있는 선비족(鮮卑族)의 유제(遺制)를 대담하게 중국적으로 고치는 한화정책(漢化政策)을 단행하였고, 494년에는 남쪽 낙양(洛陽)으로 천도(遷都)하여 남벌(南伐)을 반복 단행하였다. 그러는 동안에 남조(南朝)에서는 북위(北魏)의 남하를 막는 데 공적을 세운 송(宋)의 군인 소도성(蕭道成)이 479년에 송(宋)의 선양(禪讓)을 받아 제(齊)를 건국하였다. 제(齊)는 북위(北魏) 효문제(孝文帝)의 남벌(南伐)에 대처해 나가기는 하였지만 국내의 정치는 점점 혼란스러워져 갔다. 502년 제(齊)의 중요한 군사거점인 양양(襄陽)에서 군사를 일으킨 소연(蕭衍)이 건강(建康)에 입성하여 양(梁)을 건국하였다. 소연(蕭衍)은 제(齊)를 건국한 소도성(蕭道成)과 동족(同族)이다.

효문제(孝文帝)가 사망한 이후 북위(北魏)의 남벌(南伐)은 서서히 줄어들었다. 화북(華北)지역에 있는 북위(北魏)의 수도 낙양(洛陽)과 강남(江南)지역에 있는 양(梁)의 수도 건강(建康)은 번영(繁榮)을 맞이하게 되었고 많은 불사(佛寺)가 건립되었다. 특히 약 반세기에 걸친 양

(梁)의 무제(武帝) 소연(蕭衍)의 치세는 남조(南朝)의 가장 안정된 시대를 이루었다. 그러나 524년에 북조(北朝)에서 일어난 육진(六鎭)의 난(亂)으로 북위(北魏)는 동위(東魏)와 서위(西魏)로 분열되었고, 그 여파로 남조(南朝)에서는 후경(侯景)의 난(亂)이 일어났고 그 결과 양(梁)이 멸망하고 진(陳)이 건국되었다. 진(陳)은 남조(南朝)의 마지막 왕조로 589년에 수(隋)에게 멸망당했다.

참고로 진(陳)은 영어로 'Chen'으로 표시한다. B.C. 221년에 건국된 중국 최초의 통일왕조 진(秦)은 영어로 'Qin'으로 표시하고 A.D. 3세기 사마씨(司馬氏)가 건국한 진(晉)은 영어로 'Jin'으로 표시한다.

6세기 후반이 되면, 화북(華北)지역에서는 북제(北齊)가 동위(東魏)를 멸망시키고 북주(北周)가 서위(西魏)를 멸망시킨다. 강남(江南)지역에서는 진(陳)이 양(梁)을 멸망시킨다. 그리하여 북제(北齊), 북주(北周), 진(陳)이 정립(鼎立)하고 있는 상황이 된다. 곧이어 577년에 화북(華北)지역에서 북주(北周)가 북제(北齊)를 멸망시킨다. 이때 이미 사천(四川)과 장강(長江)의 북쪽지역도 북조(北朝)의 영토가 되어 있어서 남조(南朝)의 진(陳)이 지배하는 강남지역의 면적은 상당히 작아지게 되었다. 581년 화북(華北)지역에서는 북주(北周)가 멸망하고 수(隋)가 건국되었다. 589년 수(隋)는 남조(南朝)의 진(陳)을 멸망시켜 남북조(南北朝)시대를 끝내고 중국을 통일했다. 북위(北魏), 동위(東魏), 서위(西魏), 북제(北齊), 북주(北周) 다섯 왕조를 북조(北朝)라고 부른다. 강남(江南)지역의 송(宋), 제(齊), 양(梁), 진(陳) 네 왕조를 남조(南朝)라고 부른다. 남조(南朝) 네 왕조에 삼국시대 손권(孫權)이 건국한 오(吳)와 유유(劉裕)가 건국한 송(宋=劉宋(유송))에 의하여 멸망한 동진(東晉)을 더하여 육조(六朝)라고도 부른다. 육조(六朝)는 강남지역의 여섯 왕조이다.[12]

중국은 옛날이나 지금이나 화북(華北)지역과 강남(江南)지역의 느낌이 다르다. 고대 시기부터 화북(華北)지역의 변경(邊境)에는 북방계통의 기마유목민(騎馬遊牧民)들이 거주하고 있었고 그들이 언제든지 중국을 공격하는 상황이 벌어졌다. 그래서 북방계통 이민족의 침략을 막기 위한 만리장성도 화북(華北)지역에 건설된 것이었다. 반면 강남(江南)지역은 변경(邊境) 이민족(異民族)과의 분쟁이 적어서 경제가 발전하고 그에 따라 여러 가지 문화가 발달하여 한족(漢族)의 문화가 꽃피울 수 있었다. 기본적으로 화북(華北)은 군사(軍事)·정치(政治)이고, 강남(江南)은 경제(經濟)라고 말할 수 있다.[13]

---

12 木村靖二·岸本美緒·小松久男 編, 『詳說 世界史研究』, 山川出版社, 2020年, 111-112面 및 李泉 編著, 『一本就通 中國史』 二版, 聯經出版事業股份有限公司, 2022年, 155面, 그리고 岡本隆司 監修, 『一冊でわかる中国史』, 河出書房新社, 2020年, 88面 및 橋場弦·岸本美緒·小松久男·水島司 監修/有限會社ランゲージハウス 翻訳, 『WORLD HISTORY for High School 英文詳說世界史』, 山川出版社, 2022年, P. 83, 그리고 John Keay, 『CHINA』, HarperPress, 2009, p. 188, p. 206, p. 211 및 窪添慶文, 『北魏史 洛陽遷都の前と後』, 東方書店, 2022年, 176-177面.

13 山中俊之, 『ビジネスエリートの必須教養「世界の民族」超入門』, ダイヤモンド社, 2022年, 65面.

중국의 주요 지역은 크게 동북(東北), 화북(華北), 화중(華中), 화남(華南), 서부(西部)로 나뉜다. 동북(東北)은 만주지방이다. 화북(華北)은 황하(黃河) 유역으로 북경(北京)이 있는 지역이다. 화중(華中)은 장강(長江) 유역으로 남경(南京)과 상하이(上海)가 있는 지역이다. 화남(華南)은 주강(珠江) 유역으로 광저우(廣州)와 홍콩이 있는 지역이다. 중국의 남북조시대(南北朝時代)에서 화북(華北)지역은 현재의 화북(華北)에 해당된다. 중국의 남북조시대에서 강남(江南)지역은 현재의 화남(華南)이 아니고 현재의 화중(華中)에 해당된다.[14)]

위진남북조시대(魏晉南北朝時代)의 사회경제적 변화는 다음과 같다.

후한(後漢) 말 조조(曹操)는 역사소설 『삼국지연의(三國志演義)』에서는 악역(惡役)으로 나오지만 한제국(漢帝國)의 붕괴를 내다보고 차세대에 있어야 할 국가상(國家像)을 만든 인물이었다. 백성을 모두 동등하게 대하는 생각을 이상으로 삼은 한제국의 방침을 버리고 대담하게 후손세대의 선례가 되는 제도를 만들었다.

병민일치(兵民一致)제도를 포기하고 한집안(=戶(호))의 아버지로부터 아들로 세습적으로 병역을 담당하게 하는 병호제(兵戶制)를 창설한 것, 개인의 자산(資産)을 고려하지 않는 인두세(人頭稅)를 기본으로 한

---

14 內田忠賢 監修, 『理解しやすい地理B』, 文英堂, 2013年, 305-307面 및 村瀨哲史, 『村瀨のゼロからわかる地理B 地誌編』, 株式会社 学研プラス, 2021年, 22-24面.

징세제도를 중지시키고 한집안의 자산에 맞게 세금을 징수하는 호조제(戶調制)를 시행한 것, 호족(豪族)의 사유지인 장원(莊園)에 대항하여 유랑을 선택한 유민(流民)을 수용하기 위하여 특수한 둔전제(屯田制)인 전농부둔전(典農部屯田)을 창설한 것, 비록 덕행(德行)이 없더라도 재능(才能)이 있는 자에게 관직에 취임하라고 요청하는 구현령(求賢令)을 발표한 것 등이었다. 서진(西晉)은 위(魏)의 둔전제(屯田制)를 받아들여 점전·과전법(占田·科田法)을 만들었지만 어느 곳, 어느 시기까지 실시되었는지는 명확하지 않다.

북위(北魏)에서는 삼장제(三長制)와 균전제(均田制)를 시행하여 호족의 지배아래 있던 백성을 국가의 호적(戶籍)에 편입하는 데 성공하였고, 이는 북위(北魏) 이후 북조(北朝)의 왕조들에 계승되었다. 또 남조(南朝)의 동진(東晉) 이래 주(州)·군(郡)·현(縣)의 민정계통(民政系統)의 지방행정제도와는 별개로 도독부(都督府)라 불리는 군정계통(軍政系統)의 지방행정제도가 확산되었다.

후한(後漢) 말 조조(曹操)의 아들 조비(曹丕)는 각 지역의 우수한 인재(人才)를 등용하기 위하여 구품중정제(九品中正制)를 시작하였다. 그 전까지는 급여로 받은 녹봉(祿俸)의 양(量)으로 표현되던 관료의 등급제도를 변경하여 9품(品)에서 1품(品)까지 9등(等)으로 나눈 제도가 구품중정제였다. 각 군(郡)에는 그 지방출신자 중에서 선발한 중정관(中正官)을 두었고, 그 중정관이 해당 지방의 인재를 천거(薦擧)하였다.

각 지방의 중정(中正)은 인재의 장래성(將來性)을 가늠하여 9품(九品)으로 등급을 매겨 천거하였고, 중앙정부의 인사(人事)를 담당하는 이부(吏部)는 그 등급을 참고하여 관리로 임명하였다. 예를 들어 3품(品)으로 승진할 장래성이 있다고 등급이 매겨진 인재는 초임관(初任官)으로 취임할 때 9품관(九品官)보다 높은 7품관(七品官)으로 취임하게 하는 것이었다.

구품중정제도는 처음에는 각 지방의 재능과 덕행이 있는 인물을 추천(推薦)하는 제도로 시작되었다. 그러나 위(魏=曹魏(조위)) 후기에는 조위(曹魏)의 정치가인 사마의(司馬懿)가 군(郡)보다 상급지방행정구역인 주(州)에 대중정(大中正)을 설치하면서 중앙에 있는 고관(高官)의 의견이 쉽게 반영되었고, 이로 인하여 인재를 등용하는 데 있어 개인의 재능과 덕행보다도 가문을 중시하게 되었다. 결국 구품중정제도는 고관을 배출하는 문벌귀족(門閥貴族)이라 불리는 동족집단을 산출하는 제도로 변질되었다.[15)]

서진(西晉) 시기 팔왕(八王)의 난과 영가(永嘉)의 난으로 인하여 화북(華北)지역이 혼란에 빠지자 수많은 한족(漢族)이 장강(長江)을 건너 강남(江南)지역으로 집단 이주 하였다. 집단 이주 한 한족 중에는 강남

---

15 木村靖二·岸本美緒·小松久男 編, 『詳說 世界史研究』, 山川出版社, 2020年, 112-113面 및 张德文·陈雪良 著, 『碰撞中的民族大融合: 魏晋南北朝』, 天地出版社, 2024年, 50-52面.

에 있는 지방 군현(郡縣)에 소속되지 않고, 원래 화북(華北) 고향에 있던 군현을 남조의 수도 건강(建康) 주변에 설치하는 것이 인정되어 새로 설치된 군현에 소속되는 사람들이 있었다. 이것을 교군현(僑郡縣)제도라고 한다. '교(僑)'는 임시거처 또는 탄관살이 또는 잠시 머문다는 의미의 한자(漢字)이다. 멸망한 서진(西晉)왕실과 함께 강남(江南)지역으로 내려온 화북(華北)의 유력한 씨족(氏族)들은 교군현(僑郡縣)제도와 구품중정제도에 의하여 이전의 가문을 계속 유지할 수 있었고 강남(江南)지역에서 새로 건국된 서진(西晉)의 후계국인 동진(東晉) 및 동진(東晉)이후의 왕조들인 남조(南朝)의 송(宋), 제(齊), 양(梁), 진(陳)에서도 귀족의 지위를 유지할 수 있었다.

귀족 밑에 위치한 중하층의 사람들은 군인으로서 동진(東晉)왕조를 떠받치고 있었다. 훗날 동진(東晉)을 멸망시키고 송(宋)의 황제가 된 유(劉)씨나 송(宋) 이후의 왕조인 제(齊) 및 양(梁)의 황제가 된 소(蕭)씨는 중하층의 군인 출신이었다. 이로 인하여 동진(東晉) 및 이후의 송(宋), 제(齊), 양(梁), 진(陳)에 있어서는 정치적으로 화북(華北)지역 출신 귀족들이 우세를 유지하였고 반대로 강남(江南)지역의 토착호족들은 열세에 처하게 되었다. 귀족은 자신들의 가문을 계속 유지하기 위한 수단으로서 혼인(婚姻)을 중시하여, 귀족끼리 반복하여 혼인하는 경향이 생겨났다.

북조(北朝)에서는 황제 중심의 중앙집권지배가 실시되고 있었지만 남조(南朝)에서는 화북(華北)지역에서 이주해 온 귀족(貴族)들의 세력이 강하고 황제의 권력이 약했다. 남조(南朝)에서는 강남(江南)지역의 경제를 배경으로 한 문화(文化)중심의 귀족문화가 번성하였다. 남조(南朝)의 귀족문화를 육조문화(六朝文化)라고 부른다.

화북(華北)지역 출신 귀족(貴族)은 이미 강남(江南)지역의 호족(豪族)이 개발한 평야(平野) 부분을 피하여 강남(江南)지역의 도읍인 건강(建康)에서 멀지 않은 산간(山間)지역에 새로 개간한 토지를 찾아 사유지인 장원(莊園)을 만들었다. 거기서 과수원이나 양어(養魚) 연못을 만들거나 광산(鑛山)을 시작하거나 도자기를 생산하거나 하는 등 생산업을 행하고 생산된 물자를 저장하거나 판매하는 시설을 각지에 설치하였다. 종종 불교사찰이나 도교사원이 산속에 세워졌기 때문에 산간지역도 개발이 진행되었다. 한편 화북(華北)지역 출신 귀족(貴族)들이 건강(建康)주변의 산간(山間)지역으로 진출함에 따라 산간지역을 근거지로 하고 있던 오랑캐(=蠻(만))라고 불리는 민족들과 분쟁이 발생하기 시작했다.

한제국(漢帝國)시대의 문화는 황제 또는 정치와 깊이 결부되어 있는 유교(儒教)가 여러 면에서 주도적인 지위를 가지고 있었지만 한제국(漢帝國)이 붕괴하고 지방 지역사회가 발달하면서 유교가 쇠퇴하여 상대화되는 풍조가 생겼다. 유교가 상대화되면서 도가사상(道家思想)인 노장사상(老莊思想)이나 역경(易經=周易(주역))에 의거하여 진리탐구를 행하는 현학(玄學)이라고 불리는 노장학문(老莊學問)이 일어났다. 또 속세를 버리고 무위자연(無爲自然)에 따르는 가치관에 기초를 둔 예술·학문에 관한 이야기와 인물에 대한 평가를 행하는 청담(淸談)이 유행하였다.[16]

220년 후한(後漢)이 멸망한 이후 중국은 위진남북조(魏晉南北朝)라고 불리는 분열항쟁의 시대를 맞이하게 되면서 주변의 여러 민족들에 대한 지배력이 약해졌다. 동(東)아시아의 여러 민족들도 연달아 중국의 지배로부터 벗어나 독자적인 국가를 형성하기 시작했다. 기원전 1세기 무렵 중국의 동북부지역에서 일어난 고구려(高句麗)는 차츰 조선반도(朝鮮半島)의 북부지역까지 영토를 확대하여 서기 313년에는 조선반도 내에 있던 중국 식민지 낙랑군(樂浪郡)을 멸망시켰다. 당시 중국의 통일왕조 진(晉)은 멸망 직전이었다. 이때의 진(晉)은 서진(西晉)이다.

낙랑군(樂浪郡)은 기원전 108년에 한(漢)이 위씨조선(衛氏朝鮮)을 멸망시키고 조선(朝鮮)에 설치한 4군(郡) 중 하나이다. 4군(郡)은 낙랑군(樂浪郡), 현도군(玄菟郡), 임둔군(臨屯郡), 진번군(眞番郡)을 말하고 한사군(漢四郡)이라고 부른다. 왜국(倭國)은 조선반도(朝鮮半島)의 남

---

16 木村靖二·岸本美緒·小松久男 編,『詳說 世界史研究』, 山川出版社, 2020年, 113面 및 「世界の歷史」編集委員會 編,『新 もういちど讀む山川世界史』, 山川出版社, 2017年, 62面.

부지역에서의 외교·군사상의 지위를 유리하게 구축하기 위하여 중국의 남조(南朝)에 사신(使臣)을 보내어 조공(朝貢)하였다. 413년 왜국(倭國)은 중국의 남조 동진(東晉)에 조공하였다. 421년 이후 478년까지 왜국(倭國)은 중국의 남조 송(宋)에 사신을 보내거나 조공하였다.[17)]

5세기가 되면 중국의 북조(北朝)에 조공을 계속하던 고구려(高句麗)와 중국의 남조(南朝)에 조공을 계속하던 백제(百濟) 사이에 격렬한 싸움이 일어났다. 475년 고구려는 백제의 왕성(王城)인 한성(漢城)을 공격하여 함락시키고 백제왕을 살해했다. 백제는 왕성(王城)을 한성(漢城)에서 남쪽으로 멀리 떨어진 웅진(熊津)으로 천도(遷都)했다.[18)]

한편, 479년에 대가야(大加耶)가 중국의 남조 제(齊)에 조공(朝貢)하였다. 제(齊)는 대가야(大加耶)의 왕을 보국장군본국왕(輔國將軍本國王)으로 책봉했다. 대가야(大加耶)가 중국의 남조 제(齊)에 의해 국제적 승인을 받은 것은 가야(加耶)의 여러 소국(小國) 내부에서 대가야(大加耶)의 지위가 높아진 것이고, 반면 금관가야(金官加耶)의 지위는 낮아진 것이라 볼 수 있다. 또한 대가야(大加耶)가 이 당시 중국의 왕조와 독자적으로 통교 가능한 정치세력으로 성장하고 있었다는 점은

---

17 佐藤信·五味文彦·高埜利彦·鳥海靖 編,『詳說 日本史硏究』, 山川出版社, 2020年, 36-37面 및 木村靖二·岸本美緒·小松久男 編,『詳說 世界史硏究』, 山川出版社, 2020年, 95面, 그리고 児玉幸多 編,『日本史年表·地図』, 吉川弘文館, 2024年, 4-5面 및 田中史生 編,『日中關係史』, 吉川弘文館, 2025年(令和 7), 6-7面, 14面.

18 佐藤信·五味文彦·高埜利彦·鳥海靖 編,『詳說 日本史硏究』, 山川出版社, 2020年, 48面.

중요한 것이다.[19]

7세기 초 618년에 수(隋)에 이어 당(唐)이 중국을 통일하여 아시아의 강력한 세력을 형성하였다. 동(東)아시아의 여러 국가들은 당(唐)에 조공(朝貢)하여 책봉체제(冊封體制)하에 들어가기도 하고 통교(通交)하기도 하면서 당(唐)을 중심으로 한 정치문화권(政治文化圈)이 형성되었다. 고대 동(東)아시아의 국제관계는 조공(朝貢)과 책봉(冊封) 관계로 성립되고 있었다. 조공(朝貢)이란 중국의 황제에게 공물(貢物)을 바치는 관계를 맺는 것이다. 책봉(冊封)이란 중국의 황제로부터 왕(王) 등의 작위(爵位)나 관직(官職)이 수여되어 특정 지역을 세습적으로 지배할 수 있는 지위를 인정받는 것이다. 책봉(冊封)을 받은 국가는 중국의 천하(天下)에 들어가서 중국의 황제를 존중하고 중국의 연호(年号)와 법률을 사용하는 것이 원칙이었다. 이와 같은 국제관계를 책봉체제(冊封體制)라고 부른다.[20]

---

19 仁藤敦史, 『加耶/任那 ―古代朝鮮に倭の據点はあったか』, 中央公論新社, 2024年, 129面 및 森公章, 『東アジアの 動亂と倭国』, 吉川弘文館, 2014年, 98-100面.

20 佐藤信·五味文彦·高埜利彦·鳥海靖 編, 『詳說 日本史研究』, 山川出版社, 2020年, 75面 및 木村靖二·岸本美緒·小松久男 編, 『詳說 世界史研究』, 山川出版社, 2020年, 116面.

Ⅵ. 중국 남북조시대(南北朝時代)의 종결: 수(隋)의 중국 통일

중국 북조(北朝)의 마지막 왕조인 북주(北周) 말기 북주(北周)의 중신(重臣) 양견(楊堅)은 황실의 외척으로서 권력을 장악하였고 마침내 581년에 수(隋)를 건국하여 수(隋)의 초대 황제 문제(文帝)가 되었다. 수(隋)라는 국호는 양견(楊堅)이 지배했던 북주(北周)의 중부지역인 수이저우(隨州(수주))라는 지명의 隨(수)에서 유래되었다. 수이저우(隨州)는 현재 후베이성(湖北省(호북성))에 있는 도시이다. 문제(文帝)는 정치쇄신(政治刷新)의 인상을 남기기 위해 북주(北周)의 장안성(長安城) 근처에 새로 대흥성(大興城)을 건설하여 천도(遷都)하였다. 대흥성(大興城)은 훗날 당(唐)의 장안성(長安城)이다.

589년 수(隋)는 이미 쇠약해진 남조(南朝)의 마지막 왕조 진(陳)을 멸망시키고 중국을 통일하였다. 문제(文帝)가 재정·군사의 기반으로 삼은 것은 북조(北朝)에서 시행된 균전제(均田制) 및 부병제(府兵制)였다.

균전제(均田制)는 북위(北魏)에서 시작된 토지제도였다. 균전제는 국가가 토지의 수량을 관리하는 것으로 농민 한집(=戶(호))을 가급적 일정한 규모로 고르게 하려는 제도였다. 부병제(府兵制)는 북조(北朝)였던 서위(西魏)에서 시작된 군사제도였다. 부병제는 농민 중에서 선발한 병사(=府兵(부병))를 농한기에 훈련시켜 교대로 수도(首都) 및 변방(邊方)의 국경수비임무를 맡게 하는 병농일치(兵農一致)제도였다. 균전제(均田制)는 부병제(府兵制)를 뒷받침했다. 부병제는 기존에 지방장관 아래 놓여 있었던 군부(軍府)를 황제나 황태자의 경호를 맡는 수도(首都)의 금위조직(禁衛組織)에 속하게 하여 전국의 군부(軍府)를 중앙에 직속하게 만든 제도였다.

문제(文帝)의 아들 양제(煬帝)는 토지제도·군사제도를 더 개혁하였다. 균전제(均田制)의 대상에서 부인(婦人)과 노비를 제외시키고 정남(丁男)으로 일체화시켰다. 정남(丁男)은 성인남성을 말한다. 부병제(府兵制)에서는 불필요하게 된 지방의 군부(軍府)를 폐지하였고 병(兵)(=府兵(부병))과 농민의 호적을 동일하게 만들었다. 또 구품중정제도(九品中正制度)를 폐지하고 과목시험(科目試驗)에 의하여 인재(人才)를 발탁하는 제도인 과거(科擧)를 처음으로 실시하였다. 수(隋)의 문제(文帝), 양제(煬帝)가 실시한 개혁은 대체로 위진남북조(魏晉南北朝)시대의 지방분권적 시스템을 중앙집권적 시스템으로 전환하는 것이었다.

589년 수(隋)가 오랫동안 남북(南北)으로 분열되어 있던 중국을 통일하자 조선반도(朝鮮半島)에 있던 백제와 신라는 수(隋)에 조공(朝貢)하였다. 그러나 고구려(高句麗)는 수(隋)에 복종하지 않았기 때문에 수(隋)의 양제(煬帝)는 611년부터 614년까지 3번에 걸쳐 고구려원정

(高句麗遠征)을 감행했다. 당시 고구려(高句麗)는 한반도 북부, 만주 남동부, 연해주 남부의 일부지역을 영토로 차지하고 있던 강력한 제국이었다. 수(隋)의 고구려원정은 고구려의 완강한 저항으로 실패하였다. 당시 수(隋)의 국내에서 반란이 일어나고 돌궐이 배반했던 사실도 고구려원정이 실패한 원인이 되었다. 수(隋)가 고구려원정에 집중하는 사이에 수(隋)의 국내에서 도둑 떼와 반란집단의 봉기가 연거푸 일어나 제어불능 상태가 되었고, 양제(煬帝)는 강도(江都)로 차례대로 나아가 반란을 수습하려 하였으나, 618년에 측근에 의해 교살(絞殺)되었다. 이로써 수(隋)는 멸망하였다. 건국한지 38년 만에 멸망한 것이다.

같은 해인 618년에 이연(李淵)이 당(唐)을 건국하였다. 당고조 이연(唐高祖李淵)은 북조(北朝)였던 북주(北周)의 군사귀족출신이었다. 수(隋)를 대신하여 중국을 통치하게 된 당(唐)은 율령제도(律令制度)에 의한 중앙집권체제를 완성한 다음에 조선반도(朝鮮半島)에까지 세력을 확장시켰다. 율령(律令)에서 율(律)은 형벌법(刑罰法)이고, 령(令)은 행정법(行政法)이다. 중국의 율령(律令)은 남북조시대(南北朝時代)의 북조(北朝) 북위(北魏)에서 발달하여 수(隋), 당(唐)시대에 완성되었다. 수당(隋唐)제국이 국가기능을 유지하는 데 있어서 분열과 혼란의 시대였던 위진남북조시대(魏晉南北朝時代)의 여러 제도들이 불가결했다.

당(唐)의 세력 확장에 대처하기 위하여 고구려, 백제, 신라는 각각 국내의 권력집중을 도모하기 위하여 개혁을 추진하였다. 그와 동시에 고구려, 백제, 신라 상호 간에도 긴장이 고조되어 갔다. 645년 당(唐)이 고구려원정(高句麗遠征)을 시작하면서 조선반도(朝鮮半島)의 정세(情勢)는 점점 다급해져 갔다. 위와 같은 조선반도에서의 전쟁위기 상황은 일본 국내에서도 긴장을 고조시켰다.[21]

중국 역사상 제1의 통일제국 시기는 진한(秦漢)제국시대였다. 중국 최초의 제국인 진(秦)제국은 기원전 221년에 건국하고 기원전 206년에 멸망하여 약 15년간 짧게 존속했다. 진(秦)제국에 이어 기원전 202년에 건국한 한(漢)제국은 기원후 서기 220년에 멸망하여 약 400년간 존속했다. 중국 역사상 제2의 통일제국 시기는 수당(隋唐)제국시대였다. 수(隋)제국은 581년에 건국되고 589년에 중국을 통일하여 중국의 남북조시대를 끝냈지만 618년에 멸망하여 약 38년간 짧게 존속했다. 수(隋)제국에 이어 618년에 건국된 당(唐)제국은 907년에

---

21 木村靖二·岸本美緖·小松久男 編, 『詳說 世界史研究』, 山川出版社, 2020年, 116-120面 및 岡本隆司 監修, 『一冊でわかる中国史』, 河出書房新社, 2020年, 90面, 93面, 그리고 J. M. Roberts and O. A. Westad, 『The Penguin History of the World』 Sixth edition, Penguin Books, 2014, p. 440, p. 443 및 孙英刚 著, 『灿烂辉煌的开放世界: 隋唐五代』, 天地出版社, 2024年, 72-79面, 그리고 五味文彦·鳥海靖 編, 『新 もういちど讀む山川日本史』, 山川出版社, 2017年, 40-41面, 45面 및 玉木俊明, 『ユーラシア大陸興亡史』, 株式会社 平凡社, 2024年, 96面, 그리고 吕思勉 著, 『中国通史』 彩图珍藏版, 中华书局, 2024年, 172面 및 張承望 著, 『中国大歷史』 二版, 海鴿文化出版圖書有限公司, 2024年, 325面, 그리고 龜井高孝·三上次男·林健太郎·堀米庸三 編, 『世界史年表·地図』, 吉川弘文館, 2024年, 27面.

멸망하여 약 290년간 존속했다. 진한(秦漢)제국시대와 수당(隋唐)제국시대 사이는 중국대륙에서 여러 국가가 난립한 삼국(三國) 및 위진남북조(魏晉南北朝)의 분열시대였다. 여러 가지 측면에서 진(秦)제국은 수(隋)제국과 비슷해 보이고 한(漢)제국은 당(唐)제국과 비슷해 보인다.[22)]

---

22 孙英刚 著, 『灿烂辉煌的开放世界: 隋唐五代』, 天地出版社, 2024年, 7面 및 J. M. Roberts and O. A. Westad, 『The Penguin History of the World』 Sixth edition, Penguin Books, 2014, p. 441, 그리고 窪添慶文, 『北魏史 洛陽遷都の前と後』, 東方書店, 2022年, まえがき iii 面.

제2편

한국의
남북조시대(南北朝時代)

한국 남북조시대 연대표(年代表)

기원후(A.D.)

660년	백제(百濟)가 멸망함.
668년	고구려(高句麗)가 멸망함.
676년	신라(新羅)가 당군(唐軍)을 몰아내고 조선반도(朝鮮半島)를 통일함.
698년	대조영(大祚榮)이 중국의 만주지방에서 진국(震國)을 건국.
713년	당(唐)이 대조영(大祚榮)을 발해군왕(渤海郡王)으로 책봉함. 대조영(大祚榮)은 국호를 진국(震國)에서 발해(渤海)로 변경함.
727년	발해(渤海)가 처음으로 일본과 통교함.
732년	발해(渤海)가 당(唐)의 등주(登州)를 공격함.
733년	당(唐)이 신라(新羅)와 함께 발해(渤海)를 공격했지만 실패함.
762년	당(唐)이 발해(渤海)의 문왕(文王)을 발해군왕(渤海郡王)에서 발해국왕(渤海國王)으로 승격시킴.
794년	발해(渤海)가 수도(首都)를 상경용천부(上京龍泉府)로 옮김.
907년	당(唐)이 멸망함. 중국에서 5代 10國 시대가 시작됨.
916년	거란족 야율아보기(耶律阿保機)가 거란제국(契丹帝國)을 건국.
918년	고려(高麗)가 건국됨.
924년	발해(渤海)가 거란제국의 요주(遼州)를 공격함.
926년	거란제국(契丹帝國)이 발해(渤海)를 멸망시키고 발해의 영토에 거란의 괴뢰국인 동단국(東丹國)을 건국.

Ⅰ. 한국 남북조시대(南北朝時代)의 역사적 위치

18세기 조선시대 실학자 유득공은 신라(新羅)를 남국(南國), 발해(渤海)를 북국(北國)이라고 하여 남북국(南北國)이라고 불렀다. 한국의 남북국(南北國)시대는 중국의 만주지역에서 발해(渤海)가 건국된 698년에 시작하여 발해가 멸망한 926년에 끝난다. 676년 한반도 남부지역 및 중부지역을 통일한 통일신라(統一新羅)는 935년까지 존속했다.

676년 삼국통일(三國統一)을 이룩한 신라는 한반도 남부지역 및 중부지역을 영토로 차지하였고 698년에 중국의 만주지역에서 건국한 발해는 한반도의 북부지역까지 영토를 확대하였다. 그리하여 통일신라와 발해는 대동강과 원산만을 잇는 경계선을 사이에 두고 남조(南朝)와 북조(北朝)로 대치하게 되었다. 대동강과 원산만을 잇는 경계선은 한반도를 세로로 북부지역, 중부지역, 남부지역으로 3등분했을 때 북부지역과 중부지역의 경계선쯤이 된다.

926년 발해(渤海)가 거란제국에 의하여 멸망한 이후 발해의 역사는 사람들의 기억 속에서 멀어져 갔다. 현대에 와서 발해의 역사는 어느 나라의 역사인가 논쟁 중에 있다. 중국은 발해의 역사를 중국의 역사에 속한다고 주장하고 있다. 반면 한국은 발해의 역사를 한국의 역사에 속한다고 주장하고 있다. 러시아는 발해의 역사를 극동지역의 소수민족인 말갈족의 역사로서 러시아 역사의 한 부분으로 본다. 발해의 영토였던 연해주(沿海州)지역이 1860년 이후 러시아의 영토가 되었기 때문이다. 발해의 영토는 중국의 만주지역, 한반도 북부지역, 연해주지역이 포함되어 상당히 넓었다. 발해의 영토 중심부인 만주지역은 오랫동안 고구려(高句麗)의 영토였었고, 현재는 중국의 영토이다.

한국은 고구려의 역사가 한국의 역사라는 점을 들어 발해가 고구려의 영토를 회복했기 때문에 발해의 역사를 고구려 역사의 연장이라고 하면서 한국의 역사라고 주장하고 있는 것이다. 중국은 발해의 영토 중심부인 만주지역이 여진족(女眞族)의 지배지역이었다가 여진족이 세운 청(淸)나라 이후부터 현대까지 중국의 영토로 되어왔기 때문에 발해의 역사를 중국의 역사라고 주장하고 있는 것이다.

한국은 발해(渤海)가 고구려 유민들이 말갈족을 포섭하여 고구려 옛땅에 세운 나라이고 고구려 계승을 표방하였기 때문에 발해의 역사는 한국의 역사라고 주장한다. 중국은 발해가 고구려 유민들이 아닌 말갈족이 중심을 이룬 국가이고 당나라 때 중국 변방의 지방민족 정권이기 때문에 중국의 역사에 속한다고 주장한다. 러시아는 발해가 말갈족이 중심을 이룬 말갈계 국가이고 극동에 있던 소수민족의 역사라고 주장한다. 이러한 견해 차이가 생긴 주된 이유는 발해의 영역이 현재의 한반도 북부지역, 중국 동북지역, 러시아 연해주지역에 걸쳐 있었고 이 지역에는 주로 말갈족 사람들과 고구려 사람들이 살고 있었기 때문이다.

또한 발해를 건국한 대조영(大祚榮)이 고구려 사람인가 말갈족 사람인가에 대한 사실 여부가 발해 역사에 대한 견해 차이의 근거 중 하나로 논의되고 있다. 중국의 역사서 『구당서(舊唐書)』에는 대조영이 고려 별종(高麗別種)이라고 기록되어 있다. 여기서 고려(高麗)는 고구려(高句麗)를 의미한다. 중국의 역사서 신당서(新唐書)에는 대조영이 속말말갈(粟末靺鞨) 출신이라고 기록되어 있다. 『구당서(舊唐書)』에 대조영이 세운 나라는 발해말갈(渤海靺鞨)이라고 기록되어 있는데 이는 발해가 말갈과 연관되어 있다는 것을 보여준다. 또 대조영을 고구려 사람이라고 하지 않고 고려 별종(高麗別種)이라고 한 것은 대조영의 종족 계통이 순수 고구려 사람이 아니라는 것을 의미한 것이다. 대조영이 속한 집단은 고구려 변방세력이었다가 고구려가 당나라·신라 연합군에 의하여 멸망한 이후 당나라가 한동안 혼란스러워진 상황을 틈타 중국 동북지역에서 동쪽으로 더 이동하여 만주의 동북지역에 정착하여 고구려를 모방한 발해를 세운 것이었다.[23]

---

23 전덕재, 『이슈와 쟁점으로 읽는 한국고대사』, 도서출판 역사산책, 2021년, 134-135면 및 한국역사연구회, 『한국고대사산책』 전면개정판, 역사비평사, 2021년, 192-193면, 그리고 김기협, 『밖에서 본 한국사』, 돌베개, 2025년, 119면.

통일신라(統一新羅)시대 이전에는 고구려·백제·신라 삼국시대(三國時代)가 있었고 통일신라시대 이후에는 고려(高麗)시대가 있었다. 발해(渤海)시대는 통일신라시대에 이어 고려시대가 있었던 것과 다르다. 발해(渤海)시대 이전에는 고구려시대가 있었다고 볼 수 있지만 발해시대 이후에는 특정국가시대가 없었다. 발해의 주된 영토였던 중국의 만주지방, 러시아의 연해주지역은 통일신라시대를 이은 고려(高麗)·조선(朝鮮)시대와 특별한 관계가 없는 지역이 되었다.

II. 통일신라(統一新羅)와 발해(渤海)

1. 신라의 삼국통일

7세기 후반 한국의 고대 사회는 고구려·백제·신라 삼국시대(三國時代)에서 한반도를 통일한 신라(新羅)와 만주에서 건국된 발해(渤海)가 남국과 북국으로 대치하는 남북국(南北國)시대로 넘어갔다.

660년 당과 신라의 연합군은 당인(唐人) 소정방(蘇定方)을 대총관, 신라인 김인문(金仁問)을 부총관으로 하여 백제(百濟)를 공격하여 멸망시켰다. 당시 백제(百濟)는 경제적으로 매우 풍요로운 나라였지만 당과 신라의 연합군을 막아내기에는 역부족이었다. 백제의 왕과 귀족 등 1만 2천여 명이 당으로 끌려가서 살았다. 백제가 망한 후에 백제부흥운동은 몇 년간 이어졌다. 660년 이후 국내 및 일본에 있던 백제귀족은 연합세력을 형성하여 당시 일본에 가 있던 의자왕의 아들 부여풍(扶餘豊)을 백제의 왕으로 맞아들이고 일본에 백제부흥운동을 지원해 달라고 요청하였다. 일본은 백제귀족 연합세력의 요청을 받아들여 3만 명의 왜군을 백제에 파견하였다. 663년 400여 척의 배를 타고 백제에 들어온 왜군은 백촌강(白村江)에서 신라와 당의 연합군과 전투를 벌였으나 패배하였다.[24)] 백촌강은 현재의 금강 하구이다.

660년에 백제가 망하자 당(唐)은 유인원(劉仁願)과 유인궤(劉仁軌)로 하여금 백제를 당(唐)의 영토로 장악하게 하였고, 소정방(蘇定方)이 이끄는 당군(唐軍)은 바다를 통해 고구려의 평양성을 공격했다. 그러나 고구려의 저항을 받아 실패하였다. 당시 고구려의 실권자는 연개소문이었다. 666년 연개소문이 사망하자 연개소문의 동생과 연개소문의 세 아들 사이에 권력투쟁이 일어나는 바람에 고구려는 일치단결하기 힘든 상황에 놓였다. 이때를 틈타서 이적(李勣)이 이끄는 당군(唐軍)과 김인문이 이끄는 신라군이 연합하여 평양성을 공격했다. 고구려는 1년 정도 평양성을 방어했지만 결국 668년에 당(唐)과 신라의 연합군에게 항복하고 말았다.

668년 고구려가 멸망하자 당(唐)은 고구려의 재기(再起)를 원천봉쇄하기 위하여 고구려의 귀족 등 지배층을 위시하여 고구려인 포로 2만 8천여 호(戶) 수십만 명을 당(唐)의 내지(內地)로 이주시켰다. 한편, 당(唐)은 요동(遼東)지역의 고구려 유민을 달래기 위해 포로로 데려간 고구려의 마지막 왕이었던 보장왕(寶藏王)을 677년에 요동지역으로 보내 요동도독(遼東都督) 겸 조선왕(朝鮮王)으로 임명하기도 했다. 당(唐)은 고구려 유민이 당(唐)에 대하여 반기를 들지 않도록 계속 고구려 왕족을 회유하는 정책을 폈으나, 결국 8세기 말에는 요동지역의 고

24 한영우, 『다시찾는 우리역사』 제2전면개정판, 경세원, 2022년, 119-120면.

구려 유민이 당(唐)의 세력이 약해진 틈을 타서 소고구려국(小高句麗國)이라는 나라를 세우기도 하였다. 고구려 옛 땅에서 고구려 유민의 가장 강력한 독립국가부흥운동은 고구려가 멸망한 지 30년이 지난 뒤인 698년에 일어났던 발해(渤海)의 건국이다.[25]

신라는 당(唐)의 힘을 빌어 백제와 고구려를 멸망시켰다. 이로 인하여 당(唐)이 백제·고구려의 옛 땅을 차지하여 군대를 주둔시키고 그의 영토로 삼을 뿐 아니라 나아가 신라마저도 지배하려고 하였기 때문에 신라는 당(唐)과 충돌하지 않을 수 없었다. 당(唐)은 백제를 멸망시킨 후 그 땅에 웅진도독부(熊津都督府)를 설치하여 당(唐)의 영토로 삼았다. 또한 당(唐)은 신라를 계림대도독부(鷄林大都督府)로 삼아 신라를 당(唐)의 한 도독주(都督州)로 만들려고 하였다. 당(唐)은 멸망한 고구려 땅에 아홉 개의 도독부(都督府)를 설치한 후 평양에 안동도호부(安東都護府)를 설치했다.[26]

참고로 도호부(都護府)는 도독부(都督府)보다 급이 높은 당(唐)의 군정(軍政)기관이었다. 668년 당(唐)이 고구려를 멸망시키고 고구려 수도였던 평양에 안동도호부(安東都護府)를 설치했다. 백제지역과 신라에는 도호부(都護府)보다 급이 낮은 도독부(都督府)를 두어 백제의 옛

---

25 邊太燮, 『韓國史通論』 四訂版, 三英社, 2022년, 116-117면 및 한영우, 『다시찾는 우리역사』 제2전면개정판, 경세원, 2022년, 120-121면.

26 邊太燮, 『韓國史通論』 四訂版, 三英社, 2022년, 116-117면.

땅은 간접통치하고 신라를 견제하려고 하였다. 안동도호부(安東都護府)의 도호(都護)는 당(唐)에서 직접 파견하였다. 백제의 옛 땅에 설치한 웅진도독부(熊津都督府)의 도독(都督)으로 부여륭(夫餘隆)을 임명했다. 부여륭은 백제의 마지막 왕이었던 의자왕의 아들이다. 신라에 설치한 계림대도독부(鷄林大都督府)의 대도독(大都督)으로 신라 왕을 임명하고 신라의 원래 땅만을 다스리게 하였다. 당(唐)은 안동도호부를 통해 옛 고구려지역과 백제지역뿐만 아니라 신라도 다스릴 속셈이었던 것이다. 이렇게 되자 당(唐)과 협력하여 백제·고구려를 멸망시켰던 신라는 당(唐)에 대항하여 싸웠다. 676년 당(唐)은 신라의 저항으로 인하여 안동도호부(安東都護府)를 평양에서 요동지방으로 후퇴 이동시켰다. 당(唐)의 전략적 후퇴였다.[27)]

당(唐)이 고구려의 옛 땅에 안동도호부(安東都護府)를 설치했다는 것은 고구려 땅에 설치한 도독부(都督府)뿐만 아니라 백제 땅 및 신라 땅에 설치된 도독부(都督府)도 모두 안동도호부에서 총관한다는 의미를 가진 것이었다. 이것은 당(唐)이 한반도 전 지역을 지배하려는 의도를 보여준 것이다. 당(唐)의 힘을 빌어 백제와 고구려를 멸망시킨 신라 역시 백제·고구려와 함께 당(唐)의 지배하에 들어가게 될 상황을 맞이하게 되자 신라는 당(唐)과 전쟁을 벌이게 되었다. 우선 신라는 백제의 옛 땅을 수복하기 위해서 고구려의 부흥군을 당(唐)과의 전쟁에 이용

---

27 김기협, 『밖에서 본 한국사』, 돌베개, 2025년, 112-113면 및 邊太燮, 『韓國史通論』 四訂版, 三英社, 2022년, 116-117면.

하려 하였다. 670년 신라의 장군 품일(品日) 등이 거느린 신라군이 당군(唐軍) 및 부여릉(扶餘隆)의 백제군을 공격하였고 671년에는 사비성(泗沘城)을 함락시켜 여기에 소부리주(所夫里州)를 설치하고 직속령으로 삼음으로써 신라가 백제의 옛 땅을 완전히 지배하게 되었다.

그러나 그 후에도 당군(唐軍)의 침략이 계속되어 신라는 당(唐)과의 전쟁을 치열하게 전개하였다. 672년 당(唐)의 고간(高侃) 등이 대군을 이끌고 침략하자 신라는 이를 맞아 싸웠고, 675년에는 당(唐)의 장군 설인귀(薛仁貴)의 침공을 격파하였다. 이어 당(唐)의 장군 이근행(李謹行)이 이끄는 20만 대군을 매초성(買肖城)에서 격멸하였다. 買肖城을 매초성이라고도 부르고 매소성이라고도 부른다. 676년 신라는 당(唐)의 수군(水軍)을 금강하류 기벌포(伎伐浦)에서 격파하였다. 이리하여 한반도 내 당(唐)의 세력은 위축되어 안동도호부가 평양에서 요동으로 옮겨 갔다. 결국 676년에 당군(唐軍)이 한반도로부터 물러나게 되어 신라는 대동강과 원산만을 잇는 한반도 이남의 땅에 대한 지배권을 확립하고 삼국통일을 이룩하게 되었다.

신라의 삼국통일은 고구려 땅의 대부분을 차지하지 못한 불완전한 것이었지만 그때까지 혈통·언어·문화를 같이하면서도 각각 다른 국가체제에 소속되어 있던 한국 민족이 하나의 국가체제 안에 통합된 역사상 중요한 사건이었다. 고구려·백제·신라는 치열한 상호투쟁을 전개하였으나 모두 같은 언어권에 속하여 대화가 통하였기 때문에 같은 계통의 종족이라는 의식을 가지고 있었다. 그래서 통일 후 신라를 일통삼한(一統三韓)이라고 하였던 것이다.

한편, 현재 한반도 북쪽을 영토로 점유하고 있는 북한의 역사학계는 신라의 민족통일을 인정하지 않고 '통일신라(統一新羅)'라는 용어 대신에 '후기신라(後期新羅)'라는 용어를 사용하고 있다. 이것은 신라가 자주적으로 삼국통일을 이룩한 것이 아니고 당(唐)의 세력을 이용하여 백제·고구려를 멸망시킨 것이고, 또 고구려의 옛 땅을 모두 회복하지 못하였기 때문이라고 한다. 또한 기본적으로 북한의 역사학계는 한반도 북쪽에 위치했던 고구려 위주의 의식이 강하기 때문이다. 북한의 역사학계는 한반도 남쪽 신라의 법통(法統)을 부정하고 대신 고조선·고구려·고려로 이어지는 한반도 북쪽의 계속성을 정통(正統)으로 내세우고 있다. 따라서 북한의 역사학계는 남한의 역사학계와 달리 통일신라가 아니라 918년에 건국된 고려(高麗)를 최초의 민족통일국가라고 주장한다.[28]

2. 발해의 건국: 한국 남북조시대(南北朝時代)의 시작

668년 신라와 당(唐)의 연합군에 의해 고구려가 멸망한 뒤에 대동강과 원산만을 잇는 이남의 땅은 신라가 차지하고 그 이북의 땅은 당(唐)이 차지하였다. 당(唐)은 평양에 있던 안동도호부(安東都護府)를 통

28 邊太燮, 『韓國史通論』 四訂版, 三英社, 2022년, 117-118면.

해 당(唐)이 차지한 땅을 지배했다. 그러나 676년 신라는 고구려유민과 함께 당군(唐軍)을 평양지역에서 밀어내고 조선반도를 통일했다. 밀려난 당(唐)은 평양에 있던 안동도호부를 요동지역으로 옮겼다. 당(唐)은 고구려부흥운동을 하지 못하도록 고구려유민들을 중국대륙 내지로 옮겼다. 고구려유민들이 요동지역을 떠나자 그 틈에 696년 거란족 이진충(李盡忠)이 당(唐)에 반기를 들어 요동지역을 차지했다.[29)]

698년 당시 요동지역에 살던 말갈추장(靺鞨酋長) 대조영(大祚榮)은 말갈족과 고구려 유민을 이끌고 동쪽으로 가서 동모산(東牟山)을 근거로 하여 나라를 세우고 진국(震國)이라 하였다. 이것이 발해(渤海)이다. 진국(震國)이라고 표기된 문헌도 있고 진국(振國)이라고 표기된 문헌도 있다. 713년에 국호를 진국(震國)에서 발해(渤海)로 변경하였다.

발해(渤海)라는 명칭은 중국의 요동반도(遼東半島)와 산동반도(山東半島)로 둘러싸인 황해(黃海)의 내해(內海)인 보하이해(渤海)의 명칭과 같다. 중국 화북(華北)지역을 흐르는 황하(黃河)가 황토고원(黃土高原)과 화북평원(華北平原)을 지나 보하이해(渤海)로 흘러 들어간다. 발해(渤海)는 또한 중국 고대 한제국(漢帝國)의 지방행정구역인 군(郡) 명칭 중 하나였다. 고대 중국의 발해군(渤海郡)은 보하이해(渤海)에서 가까운 지역에 설치되었던 군(郡)으로 발해군(渤海郡)이라고 표기하기도 했고 발해군(勃海郡)이라고 표기하기도 했다.

29　한영우, 『다시찾는 우리역사』 제2전면개정판, 경세원, 2022년, 151면.

발해(渤海)는 중국 북쪽에 있던 민족인 돌궐(突厥)과 연계하여 당(唐)을 견제하기도 하였지만 713년에는 당(唐)과 외교관계를 맺었다. 713년 당(唐)에서 개원(開元)의 치(治)가 시작되는데 이해에 당(唐)은 대조영(大祚榮)을 발해군왕(渤海郡王)으로 책봉(冊封)했다. 이에 대조영(大祚榮)은 국호를 진국(震國)에서 발해(渤海)로 변경하였다. 개원의 치(開元之治)는 당(唐)의 현종(玄宗)이 통치한 시기 중 초기에 정치적 안정과 경제적 번영을 이룬 태평성대를 의미한다.

발해(渤海)는 점차 영토를 확장시켜 만주동북부에서 신라 이북의 한반도 땅과 현재 러시아의 연해주 지역에 걸치는 큰 지역을 차지하였다. 이것은 고구려의 옛 땅을 거의 회복한 것과 같았다. 발해 국민의 기저(基底)가 되는 것은 본래부터 만주지방에 살던 말갈족(靺鞨族)이었다. 이들 말갈족은 고구려가 만주지방을 지배할 때 그 통치를 받고 있었다가 고구려가 멸망한 후 30년 만에 발해가 건국됨에 따라 발해의 통치를 받게 된 것이다. 한국 역사학계의 주장에 따르면 발해의 지배층은 고구려인이 주축이었고 말갈족과 고구려인이 백성으로서 함께 섞여 살고 있었다. 727년 발해 무왕(武王)이 일본에 보낸 국서에 '고구려가 오래 머물러 살던 곳을 회복하고, 부여의 옛날 풍속이 남아 있다(復高麗之舊居 有扶餘遺俗)'라고 표현한 것이나 스스로를 '고려국(高麗國)'이라고 칭한 것은 발해가 고구려의 계승의식을 지니고 있었

음을 보여준다.[30)]

한국은 발해가 고구려를 계승한 국가라는 점에서 발해의 역사를 한국의 역사로 보고 있다. 그러나 중국은 발해의 영역 대부분이 중국 영토이고 발해국민의 기저(基底)가 되는 것은 만주지방에 살던 말갈족(靺鞨族)이었기 때문에 발해의 역사를 중국의 역사로 보고 있다.

3. 발해의 발전

발해의 건국자 1대 고왕(高王) 대조영(大祚榮)은 당(唐) 세력을 견제하면서 국가의 기틀을 마련했고, 이를 기반으로 2대 무왕(武王)은 발해의 국력을 신장시켰다. 무왕은 일본과 통교하는 한편 당(唐)과는 대립관계를 취하였다. 727년 무왕(武王) 때 발해는 처음으로 일본에 사신을 보내서 사이좋은 이웃나라로 영원히 돈독한 관계를 유지하자는 국서를 일본 천황에게 전달했다.

726년 당(唐)의 황제 현종(玄宗)은 흑수말갈(黑水靺鞨)의 땅인 송화

---

30 邊太燮, 『韓國史通論』 四訂版, 三英社, 2022년, 118-119면 및 吕思勉 著, 『中国通史』 彩图珍藏版, 中华书局, 2024年, 181面, 그리고 村瀬哲史, 『村瀬のゼロからわかる地理B 地誌編』, 株式会社 学研プラス, 2021年, 12-13面 및 班固 著/永田英正·梅原郁 譯注, 『漢書 食貨·地理·溝洫志』, 株式会社 平凡社, 2008年, 213面, 243面, 그리고 歷史學硏究會, 『世界史年表』 第3版, 岩波書店, 2017年, 64面, 66面.

강(松花江)과 흑룡강(黑龍江)의 합류지역에 흑수주(黑水州)를 설치하고 장사(長史)라는 관직의 관리를 파견하여 감독하도록 하였다. 흑수말갈(黑水靺鞨)이 당(唐)과 통모하여 발해를 공격할 수 있다고 생각한 무왕은 대문예(大門藝)를 시켜서 흑수말갈(黑水靺鞨)을 공격하게 하였다. 대문예(大門藝)는 무왕 대무예(大武藝)의 친동생이다. 문예(門藝)는 무왕(武王)에게 다음과 같이 간(諫)하였다.

"흑수말갈이 당(唐)에 관리를 파견해 달라고 요청했다고 해서 우리가 흑수말갈을 공격하면 당(唐)과 사이가 나빠지게 됩니다. 당(唐)은 대국(大國)으로 우리 발해보다 훨씬 많은 군사력을 보유하고 있습니다. 당(唐)과 원수지간이 되면 발해는 망할 수 있습니다. 옛날 고구려는 전성기 때 병사가 30만이나 되어 당(唐)에 대항할 수 있는 강력한 국가였습니다. 그렇지만 당(唐)이 고구려를 완전히 멸망시켰습니다. 지금 우리 발해는 고구려에 비해 3분의 1밖에 되지 않는데도 왕(王)께서 당(唐)에 거스르려 하는 것은 옳지 않습니다."

무왕(武王)은 문예(門藝)의 말을 따르지 않고 흑수말갈을 공격하라고 강하게 명령하였다. 문예와 발해군사들이 흑수말갈의 경계에 이르자 문예는 무왕(武王)에게 다시 거듭 완고하게 흑수말갈을 공격하지 말 것을 간(諫)하였다. 이에 무왕(武王)은 노하여 사촌 형 대일하(大壹夏)를 문예대신 장군으로 삼고, 문예를 불러들여 죽이고자 했다. 겁먹은 문예는 당(唐)으로 달아났다. 당(唐)의 현종(玄宗)은 당(唐)으로 망명

한 문예에게 벼슬을 주었다.

732년 무왕은 대장(大將) 장문휴(張文休)로 하여금 해적(海賊)을 이끌고 바다를 건너 당(唐)의 등주(登州)를 공격하게 하였다. 이때 등주자사(登州刺史) 위준(韋俊)이 살해되었다. 등주(登州)는 오늘날 중국 산동성(山東省) 봉래(蓬萊)이다. 현종(玄宗)은 크게 노하여 당(唐)의 장군 갈복순(葛福順)에게 명하여 장문휴를 토벌하도록 명했다.

733년 당(唐)의 현종(玄宗)은 무왕의 친동생 문예(門藝)로 하여금 유주(幽州)의 병사들을 모아 발해에 대한 공격을 명했다. 유주(幽州)는 오늘날 중국의 수도 북경(北京) 및 그 주변지역이다. 현종은 신라에 사신을 보내 신라로 하여금 발해 남쪽 국경지역을 공격하게 하였다. 당(唐)은 신라와 함께 발해(渤海)를 공격하였지만 마침 눈이 사람의 키보다 높게 쌓일 정도로 내리고 산길이 험하고 좁아 군사의 반이 얼어 죽자 발해 공격을 포기하였다. 이로 인하여 흑수주(黑水州)의 땅은 모두 발해에 복속되었다. 그 후 발해는 세력을 확장하여 그 영토가 만주(滿洲)의 대부분과 연해주(沿海州)에 이르게 되었다.[31)]

한국의 역사학자 변태섭(邊太燮)의 『韓國史通論』에 수록된 지도에

---

31 유득공(柳得恭) 지음/송기호 옮김, 『발해고渤海考』 신개정판, 홍익, 2021년, 77-80면, 104-105면, 172-173면, 204-205면, 215면, 255-256면 및 邊太燮, 『韓國史通論』 四訂版, 三英社, 2022년, 138-139면.

는 발해의 영토에 요동반도(遼東半島)가 제외되어 있는 반면, 한영우의 『다시찾는 우리역사』에 수록된 지도에는 발해의 영토에 요동반도가 포함되어 있다.[32)]

현재 요동반도(遼東半島)를 포함한 만주(滿洲)는 중국 땅이고 연해주(沿海州)는 러시아 땅이다.

3대 문왕(文王)은 처음으로 당(唐)과 화친을 맺고 당(唐)의 발달된 제도 문물을 수입하여 발해를 발전시켰다. 문왕(文王)은 장기간 재위했다. 이때 당(唐)은 안녹산(安祿山)과 사사명(史思明)의 반란이 일어나 국력이 크게 약화되었는데, 이 시기를 틈타 발해는 요하(遼河)까지 영토를 확장했다. 762년 당(唐)은 발해를 발해군(渤海郡)에서 발해국(渤海國)으로, 발해군왕(渤海郡王)에서 발해국왕(渤海國王)으로 승격시켰다. 문왕(文王)은 일본에 사신(使臣)을 자주 파견했고 신라에 대한 안 좋은 감정이 양국(兩國)의 공감대를 형성하여 발해와 일본은 우호관계를 유지하였다.

문왕(文王) 때 전성기를 맞이했던 발해는 9세기 이후 점점 쇠퇴하였다. 그러다가 9세기 중엽에서 10세기 초에 이르는 10대 선왕(宣王)부터 14대 왕 대위해(大瑋瑎)까지 발해는 다시 번창하였다. 발해가 중국으로부터 해동성국(海東盛國)으로 불린 것은 이때였다. 이때의 발해

---

32 邊太燮, 『韓國史通論』 四訂版, 三英社, 2022년, 120면 및 한영우, 『다시찾는 우리역사』 제2전면개정판, 경세원, 2022년, 152면.

영토는 고구려 영토보다 더 넓어졌다. 9세기 이후로 발해는 신라와의 관계가 호전되어 남경남해부(南京南海府)를 통하여 뱃길로 신라와 서로 왕래하였다. 남경남해부(南京南海府)는 발해의 5경(京) 중 가장 남쪽에 위치했던 곳으로, 그 위치는 함경도 북청(北青)이다.[33]

4. 발해의 멸망: 한국 남북조시대(南北朝時代)의 종결

발해는 10대 선왕(宣王) 이후 국세가 기울어지기 시작하여 안으로는 정치가 혼란해지고 밖으로는 거란의 압력을 받았다. 결국 15대 왕 대인선(大諲譔) 때 거란의 침략을 받아 국도 상경용천부(上京龍泉府)가 함락되면서 멸망하고 말았다. 이후 발해의 지배층이던 고구려계통의 사람들은 대거 고려로 망명하고 대부분의 피지배층이던 말갈계통의 사람들은 여러 부족으로 나뉘어 할거하였다. 이후 시대에는 이들 말갈계통의 사람들을 여진족(女眞族)이라고 불렀다.[34]

916년 야율아보기(耶律阿保機)는 거란족을 통합하여 거란제국(契丹帝國(계단제국))을 세우고 황제가 되었다. 당시 중국대륙은 907년에 당(唐)이 멸망한 후 혼란스러운 오대십국(五代十國) 시기였다. 거란의

---

33 邊太燮, 『韓國史通論』 四訂版, 三英社, 2022년, 120면, 138-139면 및 한영우, 『다시찾는 우리역사』 제2전면개정판, 경세원, 2022년, 153-154면, 그리고 유득공(柳得恭) 지음/송기호 옮김, 『발해고渤海考』 신개정판, 홍익, 2021년, 82-84면, 88면.

34 邊太燮, 『韓國史通論』 四訂版, 三英社, 2022년, 139면.

한자 표시는 계단(契丹)이다. 그 후 거란의 국호는 요(遼)로 변경되었는데, 이후 그때그때 대거란(大契丹(대계단)) 또는 대요(大遼)라고 불렀다. 거란제국(契丹帝國)은 동쪽으로 발해의 변방(邊方)에 이르고 북쪽으로 시베리아에 이르고 남쪽으로 하북(河北)·산서(山西) 등에 도달했다. 서쪽으로는 한때 멀리 서(西)아시아에 이르렀다.[35]

거란제국(契丹帝國)의 동쪽과 발해국(渤海國)의 서쪽은 국경선을 맞대고 있었다. 10세기 초 발해국은 발해의 서쪽 변경 부여부(扶餘府)에 항시 대군을 주둔시키고 있었다. 부여부(扶餘府)의 위치는 현재 중국 길림성 농안현(吉林省農安縣)이다. 이는 거란제국(契丹帝國)에게 큰 위협으로 보였다. 920년대가 되면서 거란제국은 정치적으로 안정되고 사회경제는 빠르게 발전하였다. 이를 배경으로 야율아보기(耶律阿保機)는 친히 발해국을 정벌하여 거란제국 동쪽의 위협세력을 제거하기로 결정하였다.

924년 봄 발해국은 거란제국의 요주자사(遼州刺史) 장수실(張秀實)을 죽이고 요주(遼州)를 마구 약탈하였다. 그 소식을 들은 거란제국의 태조(太祖) 야율아보기(耶律阿保機)는 조서(詔書)를 공포하고 자기가 친히 발해국을 정벌하겠다고 공언했다. 925년 겨울 야율아보기는

35 宇信瀟 著, 『契丹: 從白馬青牛的起源傳說到草原帝國的崛起與沒落』, 大旗出版社, 2023年, 2-3面 및 余蔚 著, 『士大夫的理想时代: 宋』, 天地出版社, 2024年, 16面.

거란의 여러 부족을 동원하였다. 그리고 발해국은 거란제국의 대대로 내려오는 원수라고 선언한 후 거란의 주력군을 이끌고 발해국으로 진공하였다. 925년 말에서 926년 초 사이에 거란의 대군은 단번에 발해국의 서부국경지대 요충지인 부여성(扶餘城)을 점령해 버렸다. 부여성을 점령한 후 야율아보기는 첫째 아들 야율돌욕(耶律突欲)과 둘째 아들 야율요골(耶律堯骨)을 선봉으로 삼아 발해국의 수도 상경용천부(上京龍泉府)로 진공하였다. 상경용천부를 홀한성(忽汗城)이라고도 부른다. 상경용천부의 위치는 현재 흑룡강성(黑龍江省) 영안시(寧安市) 서남 발해진(西南渤海鎮)이다.

926년 농력(農曆) 2월 23일 심야에 거란군은 발해국의 수도 상경용천부(上京龍泉府)의 홀한성(忽汗城)을 향하여 총공격하였다. 발해국의 제15대 왕 대인선(大諲譔)은 성(城)안에 있는 군민(軍民)을 통솔하여 저항하였다. 3일 뒤 대인선은 대세가 이미 기울었다고 판단하여 할 수 없이 왕실과 모든 관리를 거느리고 성(城)밖으로 나와 거란군에 항복하였다. 이로써 228년 동안 존속했던 발해국은 종말을 고했다.

926년 농력(農曆) 7월 발해국의 마지막 왕 대인선은 거란제국(契丹帝國)의 상경임황부(上京臨潢府)로 끌려갔다. 야율아보기는 성(城) 하나를 새로 지어 대인선의 가족전부가 그곳에 거주하도록 명하였다. 야율아보기는 끌려간 대인선에게 오로고(烏魯古)란 이름을 주었고, 대인선의 부인에게는 아리지(阿里只)란 이름을 주었다. 오로고(烏魯古)

와 아리지(阿里只)는 야율아보기가 발해국의 수도 상경용천부에서 대인선의 항복을 받을 때 탔던 말 2필의 이름이다. 야율아보기는 말 2필의 이름을 대인선 부부에게 하사함으로써 발해국을 멸망시킨 전공(戰功)을 기념하였다.

발해국이 멸망한 후 야율아보기는 발해국의 땅에 동단국(東丹國)을 세웠다. 동단국(東丹國)은 거란의 동쪽(=契丹之東(계단지동))이란 의미이다. 동단국(東丹國)은 거란제국(契丹帝國)의 속국 중 하나였다. 야율아보기의 첫째 아들 야율돌욕(耶律突欲)이 동단국의 왕이 되었다. 발해국의 수도 상경용천부(上京龍泉府)는 천복성(天副城)으로 명칭을 변경하여 동단국(東丹國)의 수부(首府)가 되었다. 야율돌욕(耶律突欲)은 발해국의 행정제도를 거의 그대로 남겨 놓았다. 동단국의 왕은 모든 관리를 임명할 수 있는 권한이 있었다. 동단국은 4명의 상설재상(常設宰相)을 두고 있었는데, 2명은 거란인(契丹人)을 임명했고, 2명은 말갈인(靺鞨人)을 임명했다. 동단국은 매년 거란제국(契丹帝國)에 세포(細布)·조포(粗布)·말(馬)을 공납(貢納)하였고 거란제국이 대외 전쟁을 수행할 때마다 병력 및 물자제공의무를 이행하여야 했다.

926년 농력(農曆) 7월 거란제국의 태조(太祖) 야율아보기는 발해국을 멸망시킨 후 군대를 이끌고 거란으로 돌아갔다. 야율아보기는 돌아가는 도중에 만주지방의 부여(扶餘)에서 병(病)으로 인하여 55세의 나이로 사망했다. 부여(扶餘)는 지금의 중국 길림성(吉林省) 사평시(四

平市) 서쪽 일대(一帶)이다. 야율아보기가 사망한 후 첫째 아들 야율돌욕(耶律突欲)과 둘째 아들 야율요골(耶律堯骨) 사이에 제위쟁탈전(帝位爭奪戰)이 벌어졌다. 둘째 아들 야율요골이 승리하여 거란제국의 제2대 황제가 되었다.[36]

1115년 현재 중국 흑룡강성(黑龍江省)에 위치한 회령부(會寧府)에서 여진족 족장 아골타(阿骨打)가 금국(金國)을 세우고 황제가 되었다. 아골타의 성은 완안(完顔)이다. 반요운동(反遼運動)을 확고하게 펼친 아골타의 금(金)은 순식간에 만주에서 요(遼)의 세력을 몰아내고, 1120년에는 요(遼)의 수도 상경임황부(上京臨潢府)를 공격하여 함락시켰다. 1125년 금(金)은 송(宋)과 동맹하여 요제국(遼帝國)을 멸망시켰다. 1126년 금(金)은 송(宋)을 공격하여 송(宋)의 수도 개봉(開封)을 함락시키고 화북(華北)을 점령하였다. 송(宋)은 강남(江南)으로 쫓겨났고 1207년부터 남송(南宋)시대가 시작된다.

요제국(遼帝國)이 멸망하기 1년 전인 1124년에 야율아보기의 8대손 야율대석(耶律大石)은 거란인과 그 외 여러 부족을 모아 서쪽 중앙아시아 방면으로 이동하여 서요(西遼)라는 왕국을 세웠다. 이슬람 역

---

36 宇信瀟 著, 『契丹: 從白馬靑牛的起源傳說到草原帝國的崛起與沒落』, 大旗出版社, 2023年, 63-69面 및 余蔚 著, 『士大夫的理想时代: 宋』, 天地出版社, 2024年, 16面, 그리고 吕思勉 著, 『中国通史』 彩图珍藏版, 中华书局, 2024年, 182面, 229-230面.

사가들은 서요(西遼)를 카라 키타이(Qara Khitay)라고 불렀다. 카라 키타이는 검은 거란(=黑契丹(흑계단))이라는 의미이다. 1206년 칭기즈칸이 건국한 몽골제국은 1208년에 나이만(=乃蠻(내만)) 부족을 정복했다. 나이만 부족은 12세기 무렵 몽골 초원에서 활동한 부족 중 하나이다. 나이만 부족의 왕자 쿠츨루크(=屈出律(굴출률))는 서요(西遼)로 망명했다. 서요(西遼)의 3대 황제 야율직로고(耶律直魯古)는 쿠츨루크를 사위로 삼았다. 1211년 쿠츨루크는 장인 야율직로고를 유폐하고 자기가 서요(西遼)의 황제가 되었다. 이로써 서요(西遼)는 사실상 멸망했다. 1213년 야율직로고는 우울한 상태로 죽었다. 쿠츨루크는 몽골제국에 항전하다가 결국 1218년에 패배하고 죽임을 당하였다. 이로써 서요(西遼)는 1218년에 최종적으로 멸망한 것이다.[37)]

---

37 島田正郎, 『契丹国一遊牧の民キタイの王朝』 中公新書 482, 東方書店, 2018年, 28-34面 및 宇信瀟 著, 『契丹: 從白馬青牛的起源傳說到草原帝國的崛起與沒落』, 大旗出版社, 2023年, 269-272面, 그리고 余蔚 著, 『士大夫的理想时代: 宋』, 天地出版社, 2024年, 138面, 152-153面 및 「世界の歴史」編集委員會 編, 『新 もういちど讀む山川世界史』, 山川出版社, 2017年, 69-70面, 74面.

Ⅲ. 남국(南國)과 북국(北國)의 대외관계

한국 민족은 7세기 후반부터 10세기 전반에 걸쳐 한반도의 대동강과 원산만을 잇는 국경선을 사이에 두고 한반도 중부지역 및 남부지역은 통일신라의 영토가 되고 한반도 북부지역 및 만주지방과 연해주지역은 발해의 영토가 되어 남북국(南北國)의 형세를 이루며 대치했다. 이것은 한국전쟁이 끝난 직후부터 현재까지 한반도의 중간지역을 잇는 휴전선을 사이에 두고 한반도 남부는 대한민국의 영토가 되고 한반도 북부는 조선민주주의인민공화국의 영토가 되어 남북국(南北國)의 형세를 이루며 대치하고 있는 것과 비슷해 보인다.

통일신라와 발해는 국제적 역관계 및 국내 사정에 따라 친선관계 혹은 갈등관계를 보였다. 발해는 건국 직후인 710년에 대조영이 신라에 사신을 보냈고, 신라는 대조영에게 제5품인 대아찬(大阿飡)의 관등을 주어 친신관계를 도모하였다. 골품제도와 연계된 신라의 관등조직상 대아찬(大阿飡)은 진골(眞骨)만이 승진할 수 있는 관직이었기 때문에 신라는 발해의 대조영을 신라의 왕족 또는 최고위 귀족층으로 대우해준 것이다. 신라에서 6두품(六頭品)은 제6품인 아찬(阿飡)까지만 승진할 수 있었고 그 위 관등인 대아찬(大阿飡)으로 승진할 수 없었기 때문이다.

727년 발해(渤海)는 처음으로 일본(日本)에 사절(使節)을 파견하여 일본과의 국교를 요청하였고 일본이 수락하여 이후 발해가 멸망할 때까지 발해와 일본은 우호관계를 유지하였다. 727년 당시 발해는 당(唐) 및 신라(新羅)와 대항관계(對抗關係)에 있었기 때문에 일본과 국교를 맺어 일본의 협조를 구할 필요가 있었다. 당시 일본도 신라(新羅)와 대항관계(對抗關係)에 있었기 때문에 발해와 우호적인 외교관계를 계속 이어 나갔다. 일본은 발해가 일본에 입조(入朝)했다고 기록하거나 일본에 조공(朝貢)했다고 기록하고 있다. 입조(入朝)는 외국 사신이 조정의 회의에 참여하던 일을 의미한다.

676년 조선반도(朝鮮半島)를 통일한 신라(新羅)와 일본(日本) 사이에는 사절(使節)의 왕래가 많았다. 일본은 사절(使節)들이 신라에서 가져오는 문물(文物)을 무시할 수 없었다. 그러나 일본은 당제국(唐帝國)의 책봉(冊封)을 받으며 국력을 충실하게 키워온 신라를 일본의 종속국으로 취급하려고 하였기 때문에 신라와 일본의 관계는 악화되었다. 755년 당제국(唐帝國)에서 절도사(節度使)인 안록산(安祿山)과 그 부하인 사사명(史思明)이 반란을 일으켰다. 안사(安史)의 난(亂)이라고 한다. 이로 인하여 당제국(唐帝國)은 쇠약해지고 그 영향이 동(東)아시아에도 미치게 된다. 이 무렵 발해로부터 당제국(唐帝國)이 혼란에 빠졌다는 정보를 얻은 일본은 신라침공(新羅侵攻)을 계획하기에 이르렀지만 결국 실현되지 못하고 끝났다. 나라시대(奈良時代(내량시대)) 후반 이후 신라와 일본의 국교관계는 소극적인 관계가 되었지만 민간상인들의 왕래는 활발했다. 나라시대(奈良時代)는 일본 역사의 시대 구분 중 하나로 710년부터 794년까지이다.

일본은 600년에 1차 견수사(遣隋使)를 수제국(隋帝國)에 파견했고 630년에 1차 견당사(遣唐使)를 당제국(唐帝國)에 파견한 이후 894년에 견당사(遣唐使)파견을 중지할 때까지 10여 회에 걸쳐 당제국(唐帝國)에 사절(使節)을 파견했다. 견당사(遣唐使)는 일본에서 당제국(唐帝國)의 선진문물을 받아들이기 위해 파견한 사신단(使臣團)이다.

600년대에는 일본에서 파견되는 견수사(遣隋使)나 견당사(遣唐使)를 태운 선박이 일본의 규슈(九州)에서 출발하여 조선반도남부 연안(沿岸)에 도달한 후 계속하여 조선반도서부 연안을 따라 충청남도 지역까지 올라가다 태안반도(泰安半島)인근 해상에서 황해(黃海)의 중앙해역을 건너 중국의 산동반도(山東半島)로 갔다. 이 루트를 북로(北路)라고 한다. 그러나 700년대부터 800년대까지는 신라와 일본과의 관계가 나빠져서 견당사(遣唐使)를 태운 선박이 조선반도남서부 연안항로(沿岸航路)를 이용하지 못하고 일본의 규슈(九州) 고토열도(五島列島)에서 출발하여 동(東)중국해를 동쪽에서 서쪽으로 직항(直航)하여 중국의 강남(江南)지역에 도달하였다. 이 루트를 남로(南路)라고 한다.

조선반도남서부 연안(沿岸)을 이용한 북로(北路)에서 동(東)중국해를 직항(直航)하는 남로(南路)로 변경한 결과 견당사(遣唐使)를 태운 선박이 조난(遭難)하거나 표류(漂流)하는 비율이 높아졌다. 조난하는 비율이 높아짐에 따라 견당사(遣唐使)를 태운 선박의 수는 600년대에는 2척을 표준으로 편성한 데 반하여 700년대부터 800년대까지는 4척을 표준으로 편성하게 되었다. 견당사(遣唐使)는 대사(大使), 부사(副使), 유학생(留學生), 유학승려(留學僧侶), 선원 등으로 구성되어 있었고 많을 때에는 500명 이상의 인원이 4척(隻)의 배에 나누어 타고 동(東)중국해를 건넜다. 당시에는 조선기술(造船技術) 및 항해기술(航海技術)이 아직 미숙한 단계였기 때문에 항해 도중에 해상에서 조난(遭難)하는 경우가 많았다.

732년 발해와 당(唐) 사이에 전쟁이 일어났을 때 신라는 당(唐)의 요청을 받아들여 발해의 남쪽 경계를 공격하다가 실패한 적이 있었다. 그 후 신라는 790년(원성왕 6년)과 812년(헌덕왕 4년)에 발해에 사신을 파견하여 교섭이 유지되었다. 발해와 신라는 발해의 남경남해부(南京南海府)를 통해 뱃길로 왕래했는데, 발해의 강성함에 두려움을 가진 신라가 적극적으로 사신을 보내 친선을 도모하였다. 남경남해부(南京南海府)는 발해의 5경(京) 중 하나로 함경도 북청(北靑)에 위치하고 있었다. 발해는 9세기 말부터 국력이 약해지기 시작하였다. 911년경 발해는 신라에 사신을 보내어 서로 도와주어 적국(敵國)의 침입을 막기로 하는 약속(結援(결원))을 요청했고 신라는 이를 수락하기도 하였다.

926년 발해는 발해의 서쪽 지역에서 거란족이 916년에 세운 요(遼)나라의 침략을 받아 멸망했다. 발해유민들은 서경압록부(西京鴨綠府)를 중심으로 국가부흥운동을 일으켜 정안국(定安國)이라는 나라를 세우기도 했으나, 왕족을 포함한 수만 명의 발해유민들은 918년에 한반도 중부지역에서 건국된 고려(高麗)에 망명하였다. 고려 태조(太祖)는 발해유민들을 받아들여 후하게 대접하였다. 10세기 말부터 11세기 초까지 고려는 거란의 침략을 막아내어 국가를 유지하였다.[38]

신라와 발해의 남북국(南北國)의 역사가 다 같이 한국 민족의 역사임에도 불구하고 후대에는 신라의 역사가 한국사의 정통이 되고 발해의 역사는 한국사의 주류에서 벗어난 것으로 인식되었다. 그 이유는 삼국통일의 주인공인 신라의 역사가 같은 한반도에서 건국된 고려로 계승되었는 데 반하여, 이민족인 말갈족이 국민의 대부분이고 주

---

38 邊太燮, 『韓國史通論』 四訂版, 三英社, 2022년, 102-103면, 119-121면 및 한영우, 『다시찾는 우리역사』 제2전면개정판, 경세원, 2022년, 154면, 그리고 佐藤信·五味文彦·高埜利彦·鳥海靖 編, 『詳說 日本史研究』, 山川出版社, 2020年, 52面, 75-77面 및 五味文彦·鳥海靖 編, 『新 もういちど讀む山川日本史』, 山川出版社, 2017年, 53-54面, 그리고 上田 信, 『中國の歷史9 海と帝国 明清時代』, 講談社學術文庫, 2021年, 40-41面 및 児玉幸多 編, 『日本史年表·地図』, 吉川弘文館, 2024年, 5面, 8面, 그리고 平凡社地図出版 編集·制作, 『ASAHI ORIGINAL デュアル·アトラス 2019-2020年版 日本·世界地図帳』, 朝日新聞出版, 2019年, 65-66面 및 株式会社平凡社 編, 『プレミアム アトラス 世界地図帳』 新訂第4版, 株式会社平凡社, 2022年, 15-17面, 그리고 歷史教育研究會 編, 『日韓歷史共通教材 調べ·考え·歩く 日韓交流の歷史』, 明石書店, 2020年, 57面 및 宮地正人 編, 『日本史 上』 第1版, 山川出版社, 2024年, 92-93면.

로 만주지방 및 연해주지역에서 영위되던 발해의 역사는 발해가 멸망한 후 그 유산이 한반도 내에서만 세력을 가진 고려로 계승되지 못했기 때문이다.[39)]

---

39 邊太燮,『韓國史通論』四訂版, 三英社, 2022년, 121-122면.

Ⅳ. 발해(渤海)의 역사는 한국의 역사인가 중국의 역사인가

727년 발해(渤海)의 무왕(武王)이 일본에 파견한 발해사(渤海使)가 가지고 갔던 국서에는 '復高麗之舊居 有扶餘遺俗'이라는 문언이 있었다. 그 문언의 의미는 '고구려의 옛 땅을 수복하고 부여의 옛 풍속이 남아 있다'는 것이다.[40] 고구려의 옛 풍속이 남아 있다고 한 것이 아니라 부여의 옛 풍속이 남아 있다고 한 것이 주목된다.

부여(扶餘)는 『사기(史記)』 등 중국 측 사료(史料)에는 '夫餘(부여)'라고 기록되어 있다. 『삼국사기(三國史記)』·『삼국유사(三國遺事)』 등 한국 측 사료(史料)에는 대개 '扶餘(부여)'라고 기록되어 있다. 부여(扶餘)는 고구려의 북쪽 만주지방에 위치한 고대국가 중 하나였다. 부여는 만주 송화강(松花江) 유역의 넓은 평야지대에서 성장하였다. 송화강(松花江)은 아무르강(Amur River=흑룡강(黑龍江))의 최대 지류(支流)이다. 발해국(渤海国)에는 부여의 옛 풍속이 남아 있다는 사실은 부여가 발해의 국가정체성을 징표하는 것이라고 볼 수 있다. 494년 고구

40 邊太燮, 『韓國史通論』 四訂版, 三英社, 2022년, 119면 및 한영우, 『다시찾는 우리역사』 제2전면개정판, 경세원, 2022년, 151면, 그리고 古畑徹, 『渤海国とは何か』, 吉川弘文館, 2019年, 154面.

려에게 멸망당한 부여는 한국 역사의 국가인가 또는 만주 역사 내지 중국 역사의 국가인가를 살펴봐야 한다.

한국 역사 교과서에서 고조선(古朝鮮)에 이어 두 번째로 나타나는 초기 국가가 부여(夫餘)이다. 부여는 만주지방에서 건국된 나라였다. 부여를 건국한 주체세력은 예맥족(濊貊族)이라고 불렸다. 부여에서는 왕(王) 밑에 마가(馬加)·우가(牛加)·저가(猪加)·구가(狗加)와 대사자(大使者)·사자(使者) 등의 관리가 있었다. 마가·우가·저가·구가는 귀족(貴族)이었고 그 밑으로 호민(豪民)이라고 불리는 세력가(勢力家)가 있었다. 호민(豪民) 아래에는 하호(下戶)라고 불리는 평민(平民)이 있었다. 하호(下戶)는 피지배층으로 국민의 기저를 이루고 있었다. 하호(下戶)는 읍락에 거주하며 농업에 종사하는 농민으로 조세와 부역을 담당하였고 전쟁이 일어나면 병사로 징집되었다. 부여족(夫餘族)은 뒤에 고구려와 백제를 건국했고 그 일파가 일본 고대국가를 건설했으므로 한국사와 일본사에서 부여(夫餘)의 주체세력이 차지하는 비중은 크다.

부여(夫餘)는 기원 전후 시기에 전성기였는데, 이때의 영토는 북쪽으로 아무르강(Amur River=흑룡강) 이남, 남쪽으로 백두산에서 요하(遼河) 상류에 이르고 동쪽으로는 연해주(沿海州)에 달했다. 고구려 옛 땅이자 발해의 영토였던 한반도 북부지역만 부여(夫餘)의 땅이 아니었다. 부여의 최대 영역은 한반도 북부지역을 제외한 발해의 영토와 상당 부분 일치하는 것이다. 부여, 고구려, 발해는 순서대로 건국되었고 각각 만주지방을 영토로 차지하고 있었던 점이 공통점이다.

부여(夫餘)는 북쪽의 유목민족과 남쪽의 고구려 사이에 끼어 압박을 받았으므로 중국과의 연결을 통하여 국가의 유지와 왕권의 신장을 도모하였다. 하지만 3~4세기에 선비족(鮮卑族) 모용씨(慕容氏)의 침략을 여러 차례 받으면서 쇠약해졌다. 494년 부여는 고구려에 의하여 멸망당했다. 부여는 선비족과 고구려의 연속적인 공격을 받고 멸망한 것이다.[41)]

발해(渤海)를 보는 관점은 고구려 중심으로 보는 한국 측 관점과 말갈족 중심으로 보는 중국 측 관점으로 대립되고 있다.

논쟁은 대조영(大祚榮)이 발해를 건국할 때 많은 고구려 유민들이 따랐기 때문에 발해가 고구려의 뒤를 이어받은 조선민족의 국가인가, 아니면 중국의 변경민족이 세운 중국의 지방정권인가에 대한 것이다. 현재 한국과 북조선은 발해를 조선반도 왕조의 후계로서 통일신라와 병립(竝立)하고 있던 나라로 보고 있으며 이 시대를 남북국(南北國)시대라고 부르고 있다. 11세기 중국에서 편찬된 신당서(新唐書)에 의하면 발해는 고구려에 복속되어 있던 말갈족이 세운 국가로서 고구려와는 별개의 국가로 보고 있다.

---

41 한영우, 『다시찾는 우리역사』 제2전면개정판, 경세원, 2022년, 91-92면 및 邊太燮, 『韓國史通論』 四訂版, 三英社, 2022년, 66-68면.

2000년대 중국에서 중국동북부의 역사 연구 프로젝트인 동북공정(東北工程)이 진행되면서 발해는 중국의 지방정권이었다는 연구조사 결과가 발표되었다. 더 나아가 고구려의 시조인 동명성왕(東明聖王)이 부여(扶餘) 출신이라는 점에서, 동일한 계통의 건국신화를 가지고 있는 고구려와 백제도 중국의 변경민족(邊境民族)으로 평가했다. 조선반도를 중국의 일부로 보는 사고는 한제국(漢帝國)에 의하여 고조선이 멸망한 후 그 땅에 한사군(漢四郡)이 설치된 시대부터 생겨나 현대 중국의 역사에도 영향을 미치고 있다. 고구려와 백제도 중국의 변경민족이라는 주장에 따르면 신라도 중국의 지방정권이 되어 버린다.

한국과 북조선은 중국의 역사 연구 계획인 동북공정(東北工程)에 반발하였고 외교문제로 발전하였다. 그 후 한국·북조선과 중국은 동북공정(東北工程)에 관한 문제를 학술적인 토론을 통하여 해결하자고 합의하여 정치문제로 나아가지는 않았다. 그러나 현재에도 서로의 주장을 바탕으로 중국에서는 고구려를 중국의 지방정권으로 기술하는 경우가 있으며 한국·북조선에서는 발해를 한국·북조선의 역사로 기술하고 있다. 그러나 실제로 발해는 말갈족(靺鞨族)·거란족(契丹族)·고구려유민(高句麗遺民) 등이 국가구성원으로 되어 있는 다민족국가(多民族國家)였다.[42]

---

42 六反田豊 監修, 『一冊でわかる韓国史』, 河出書房新社, 2022年, 79-80面 및 같은 책 중국어판 六反田豊 監修/黃筱涵 翻譯, 『極簡韓國史』, 楓樹林出版事業有限公司, 2023年, 79-80面, 그리고 邊太燮, 『韓國史通論』 四訂版, 三英社, 2022년, 119면의 각주 7).

현재 중국에서 발간된 조선반도 고대사개설서에는 발해가 한국의 역사로 기록되어 있지 않다.[43] 반면 일본에서 발간된 조선반도 역사개설서에는 대체로 발해를 한국의 역사 범위 내로 기록하고 있다. 1931년 일본은 만주사변을 일으키고, 이어 1932년에 일본의 괴뢰국인 만주국(滿洲國)을 건국하였다. 만주국건국에 따라 돌연히 발해국(渤海国)이 주목받게 되었다. 고대시기 일본에 조공(朝貢)하던 발해를 근대시기 일본제국이 세운 만주국으로 재발견했다는 것이다.

1932년에 건국된 만주국의 영토 범위는 러시아의 연해주지역을 제외한 발해국의 영토범위를 포함한 중국의 동북지방 전 지역이다. 만주국의 영토는 발해국의 영토보다 훨씬 넓었다. 1930년대 일본의 만주침략은 일본에 있어서 발해국 재발견(再發見)의 계기가 된 것이지만 그것은 중국에 있어서도 발해국 재발견의 계기가 되었다. 발해국의 영토였던 만주지방은 중국의 5대 왕조(五大王朝) 중 마지막 왕조였던 청(淸)의 발상지였고 그 후로도 계속 중국의 동북지방이었기 때문이다. 중국에서도 20세기 초두까지 발해국은 중국의 역사기억에서 잊혀진 고대왕국이었다. 20세기에 들어와서 일본제국주의 침략으로 중국뿐만 아니라 조선(朝鲜)에서도 발해국의 재발견이 있었다. 1908년 한국의 대표적인 민족주의사학자 신채호(申采浩)는 민족주의 관점에서 독사신론(讀史新論)을 서술하여 발표하였다. 독사신론은 한국 고대사에 관하여 서술한 것으로 조선민족이 조상의 땅인 만주지방에서 활약

43 杨军等 著, 『朝鲜半岛古代史研究』, 社会科学文献出版社, 2024年.

했던 영광의 시대가 조선고대사(朝鮮古代史)인데 발해의 멸망으로 만주지방을 잃어버리면서 조선의 고대사는 끝난 것이라고 했다. 1910년 한일합병(韓日合倂)으로 조선은 일본의 식민지가 되었다. 신채호는 한일합병 2년 전인 1908년에 민족의 영광의식을 고취시켜 일본제국주의의 침탈에 맞서 국권을 수호한다는 목적의식을 가지고 독사신론을 발표한 것이었다.

926년 발해가 멸망하기 8년 전인 918년에 한반도(韓半島)에서 건국된 고려(高麗)는 고구려의 계승의식을 가지고 북진정책을 취했기 때문에 발해에 큰 관심을 보였다. 그러나 고려시대 중기 이후가 되면서 인식의 변화가 생겼다. 1145년에 편찬된 관찬사서(官撰史書)인 삼국사기(三國史記)는 발해를 고려(高麗)의 영역이 아닌 것으로 보고 서술 대상에서 뺐다. 1392년 고려가 멸망하고 건국된 조선(朝鮮)도 발해를 조선과는 관계가 없는 존재로 보았다. 그러다가 조선시대 후기에 조선과 중국왕조인 청(淸)의 국경선 문제가 불거지면서 조선의 실학자 유득공(柳得恭)이 1784년에 발해고(渤海考)를 저술하여 발해의 역사를 한국 역사의 일부로 편입시켰다. 발해의 역사를 한국 역사로 편입시킨 유득공의 역사 인식은 지식인들 사이에 어느 정도 침투했지만 당시 역사 인식의 주류가 되지는 못했다.[44]

---

44 古畑徹,『渤海国とは何か』, 吉川弘文館, 2019年, 5-10面 및 宮地正人 編,『日本史 上』第1版, 山川出版社, 2024年, 92-93面, 그리고 佐藤信·五味文彦·高埜利彦·鳥海靖 編,『詳說 日本史研究』, 山川出版社, 2020年, 77面.

발해고(渤海考)에서 유득공(柳得恭, 1748~1807)은 676년에 삼국을 통일한 신라(新羅)를 남국(南國)이라고 하고, 698년에 만주지역에서 건국한 발해(渤海)를 북국(北國)이라고 하여 통일신라와 발해를 남북국(南北國)이라고 불렀다. 현재 북한의 남쪽지역인 대동강과 원산만을 잇는 경계를 사이에 두고 신라는 남쪽 땅을 영유했고 발해는 북쪽 땅을 영유하고 있었다. 신라와 발해의 병립(竝立)을 남북국(南北國)이라고 부른 것은 유득공의 발해고(渤海考)가 처음이다. 이것은 조선의 실학자들이 발해를 한국민족의 국가로 보았다는 것을 말해준다.

고대(古代) 시기 고씨(高氏)가 한반도의 북쪽에 거주하여 고구려(高句麗 또는 高句驪)라 하였고, 부여씨(扶餘氏)가 한반도의 서남쪽에 거주하여 백제(百濟)라 하였고, 박석김씨(朴石金氏)가 한반도의 동남쪽에 거주하여 신라(新羅)라 하였다. 부여씨(扶餘氏)가 망하고 곧이어 고씨(高氏)가 망하자 신라의 김씨(金氏)가 한반도의 남쪽을 영유하였고 발해의 대씨(大氏)가 한반도의 북쪽, 만주, 연해주에 걸친 넓은 지역을 영유하였다. 대씨(大氏)는 만주지방에서 발해를 건국한 대조영(大祚榮)의 성(姓)이다.

신라가 삼국을 통일하고, 만주지역에서 발해가 건국된 이후 200여 년이 지났을 무렵 신라의 김씨(金氏)가 망하고 발해의 대씨(大氏)가 망한 후 왕씨(王氏)의 고려(高麗)가 이들을 통합하였다. 그런데 고려(高麗)는 남쪽 신라의 땅을 온전히 영유하게 되었지만, 북쪽 발해의 땅을 모두 영유하지 못하였다. 북쪽 발해의 땅은 거란(=契丹(계단))이 차지하기도 하고 여진(女眞)이 차지하기도 하였다. 유득공은 북쪽 발해의 땅을 모두 영유하지 못한 고려가 마침내 약한 나라가 되었다고 한탄했다.[45)]

45 유득공(柳得恭) 지음/송기호 옮김, 『발해고渤海考』 신개정판, 홍익, 2021년, 28-33면, 66-67면, 198-199면 및 邊太燮, 『韓國史通論』 四訂版, 三英社, 2022년, 119면 각주 10).

V. 현대 한국의 남북조시대(南北朝時代): 남한(南韓)과 북한(北韓)

1948년부터 현재까지 한반도의 중간지역을 잇는 경계선을 사이에 두고 한반도 남부는 대한민국의 영토가 되고 한반도 북부는 조선민주주의인민공화국의 영토가 되어 남국(南國)과 북국(北國)으로 대치하고 있다. 이것은 7세기 후반부터 10세기 전반에 걸쳐 한반도 남부지역 및 중부지역을 영토로 한 통일신라와 한반도 북부지역 및 만주지방을 영토로 한 발해가 남북국(南北國)의 형세를 이루며 대치했던 것과 비슷해 보인다.

대한민국과 조선민주주의인민공화국의 경계가 되는 한반도의 중간지역을 잇는 경계선은 한국이 일본의 식민통치로부터 해방된 1945년 8월 15일 직후에는 38선이었다. 북위(北緯) 38도 위선을 경계로 한 것이라 삼팔선(三八線)이라고 부른 것이다. 1945년 8월 15일 이후 한국에서는 남한(南韓)과 북한(北韓)이 38선을 사이에 두고 각각 미국(美國)과 소련(蘇聯)의 영향을 받으면서 대치하고 있는 상황이 계속되고 있었다. 북한과 달리 남한에서는 한국전쟁이 발발할 때까지 약 5년간 미국과 소련의 대립에 맞물려 사회불안이 지속되고 있었다.

1948년 북한에서 조선민주주의인민공화국을 수립한 김일성 정권은 1945년 해방 직후부터 소련의 적극적인 군사 지원을 받아 인민군을 창설하고 군사력을 강화시키고 있었다. 이에 반하여 미군정(美軍政)의 영향 아래 1948년에 남한에서 새로 수립된 대한민국의 이승만 정권은 출범 초기부터 많은 문제를 안고 어려운 상황에 놓여 있었다. 정치적으로는 미군정(美軍政)에 의해서 친일세력을 그대로 이어받아 대한민국의 권력 기반으로 삼았기 때문에 국내 정치세력들의 광범위한 지지를 얻지 못하고 있었다. 또한 남한의 좌익세력이 여전히 강해서 사회불안을 야기시키고 있었다. 경제적으로는 경제정책의 잇단 실패로 극심한 경제적 불안에 직면했으며, 특히 토지개혁을 합리적으로 추진하지 못하여 농민들의 불만이 고조되었다. 이러한 대한민국의 정치적 혼란과 경제적 불안은 이승만 정권에 대한 비판으로 나타났다. 1950년 5월 30일 제2대 국회의원 선거에서 이승만 지지세력이 참패를 당했다. 대한민국의 불안한 사정들이 북한(北韓)의 김일성(金日成)으로 하여금 남한을 침공할 수 있는 기회로 생각하게 만들었다. 북한의 김일성 정권은 남한과 북한으로 분할된 조선반도(朝鮮半島)를 무력을 사용하여 통일하기로 결심하고 소련의 스탈린과 중국의 모택동(毛沢東)으로부터 전쟁 개시 승인을 얻었다. 1950년 6월 25일 마침내 북한은 남침을 감행하여 3일 만에 서울을 함락시키고 3개월 만에 경상도 일부를 제외한 남한 지역 전부를 점령하였다. 이에 미국은 즉시 유엔 안전보장이사회를 소집하여 북한의 남침을 침략 행위로 규정하여 규탄하고 유엔군의 파병을 결정하였다.

미국은 일본에 주둔하고 있는 미군(美軍)을 중심으로 국제연합군(国際連合軍)을 조직해서 조선반도(朝鮮半島)에 파견했다. 한국군(韓国軍)도 국제연합군(国際連合軍)에 편입되었다. 계속되는 북한군(北韓軍)의 남침은 국제연합군을 부산(釜山) 부근까지 몰아붙였다. 1950년 9월 국제연합군은 인천(仁川)상륙작전에 성공하여 서울을 탈환하고 북조선군의 보급로를 끊어 버렸다. 북조선군은 패주하고 국제연합군은 38선을 넘어 북한으로 진공했다. 1950년 10월 국제연합군이 중국과 북한의 국경(國境)인 압록강에 육박하자, 중국은 자국의 위기로 간주하고 중국의 인민의용군(人民義勇軍)을 북한에 파병했다. 이로써 조선전쟁(朝鮮戦争)은 미국과 중국의 전쟁으로 전환되었다. 3년 이상 계속된 조선전쟁은 승패를 가리지 못하고 1953년 7월 27일에 휴전이 성립되어 끝났다.

1953년 7월 27일 국제연합군과 중국인민의용군·북한 사이의 정전(停戰)협정에 따라 당시의 전선(戰線)을 휴전선(休戰線)으로 설정하여 한국전쟁 이전의 38선 대신 휴전선이 현재 남한과 북한의 경계선이 되었다. 휴전선을 군사분계선(軍事分界線)이라고도 부른다.[46]

3년 이상 계속된 한국전쟁은 남한과 북한 쌍방에 엄청난 피해를 안

---

46 邊太燮, 『韓國史通論』 四訂版, 三英社, 2022년, 479-481면 및 한영우, 『다시찾는 우리역사』 제2전면개정판, 경세원, 2022년, 536-537면, 그리고 木村靖二·岸本美緒·小松久男 編, 『詳說 世界史研究』, 山川出版社, 2020年, 502-503面.

겨 주었다. 한국전쟁은 한국의 역사상 가장 피해가 큰 전쟁이었다.[47] 남한을 지원한 미군(美軍)이 주둔하고 있던 일본은 한국전쟁으로 인하여 막대한 이익을 얻고 경제가 부흥하게 되었다. 미군(美軍)이 주체가 된 국제연합군(国際連合軍)은 일본에서 한국전쟁 현장에 출동했기 때문에 많은 전쟁물자와 서비스를 일본 현지에서 달러(dollar)로 조달했고, 그로 인하여 일본에서는 특별수요경기(特別需要景氣)가 일어났기 때문이다.[48]

현대 한국의 남북국(南北國) 대치 상황은 1948년부터 2025년 현재까지 약 77년 동안 이어지고 있는 현재진행형이다. 한 가지 특이한 점은 북한정권은 김일성(金日成)에서 김정일(金正日), 그리고 김정은(金正恩)으로 세습되고 있다는 점이다. 고대 왕조(古代王朝)시대가 아닌데도 할아버지, 아들, 손자로 최고 권력자 지위가 세습되고 있는 것은 현대 세계에서 매우 이례적인 것이다. 현재 북한의 권력세습 기간은 1196년부터 1258년까지 약 62년 동안 최고권력자 지위가 세습되던 고려시대의 최씨무신정권보다 더 길게 가고 있다.

1953년에 한국전쟁이 끝난 때부터 2014년까지 남한 및 북한과 주

---

47 邊太燮, 『韓國史通論』 四訂版, 三英社, 2022년, 482면.

48 老川慶喜 著, 『もういちど讀む山川日本戰後史』, 山川出版社, 2016年, 71-74面 및 佐藤信·五味文彦·高埜利彦·鳥海靖 編, 『詳說 日本史研究』, 山川出版社, 2020年, 503面.

변국과의 주요 대외관계사를 다음과 같이 연대표처럼 요약기술하면서 현대 한국의 남북조시대에 관한 서술을 마무리한다.

1965년 남한과 일본은 한일기본조약(韓日基本條約)을 체결하여 남한과 일본의 국교가 수립되었다. 1982년 남한에서 야간통행금지가 36년 만에 전면 해제되었다. 1984년 남한에서 외국인의 투자가 완전 자유화되었다. 1988년 북한은 남한에서 개최되는 1988년 하계올림픽대회인 서울올림픽경기에 참가하지 않겠다고 발표했다. 1990년 남한은 소련과 국교를 수립했다. 1991년 남한과 북한은 국제연합에 동시 가입했다. 1994년 북한의 김일성(金日成)이 사망했다. 1997년 김일성(金日成)의 아들 김정일(金正日)이 북한의 노동당총서기에 취임했다. 2002년 일본의 고이즈미 준이치로(小泉純一郎)총리는 북한을 방문하여 북한의 국방위원장 김정일(金正日)과 정상회담을 하였다.

2003년 북한은 핵확산방지조약(NPT)에서 탈퇴하고 국제원자력기구(IAEA)에서 탈퇴한다고 선언했다. 2004년 남한에서 일본의 대중문화를 전면 개방했다. 2005년 북한의 외무성은 북한이 핵무기를 제조하고 보유했다고 처음으로 공식 선언했다. 2006년 북한은 처음으로 핵실험을 실시하였다. 2011년 북한의 국방위원장 김정일(金正日)이 사망하였다. 김정일의 아들 김정은(金正恩)이 조선인민군 최고사령관에 취임했다. 2012년 북한의 김정은(金正恩)이 당제일서기(黨第一書記)에 취임했다. 그리고 얼마 안 있어 조선민주주의인민공화국의 원

수(元帥)가 되었다. 2014년 북한과 일본 정부는 스웨덴의 스톡홀름(Stockholm)에서 북한에 의해 납치되었던 일본인 납치 피해자에 대한 재조사(再調査)를 하기로 합의했다.[49]

49 歷史學硏究會, 『世界史年表』 第3版, 岩波書店, 2017年.

제3편

일본의 남북조시대(南北朝時代)

일본 남북조(南北朝) 연대표(年代表)

기원후(A.D.)

1192년	미나모토노 요리토모(源頼朝)가 정이대장군(征夷大将軍)이 됨. 가마쿠라 막부(鎌倉幕府)가 시작됨(가마쿠라 막부의 시작시기에 대하여 여러 이설이 있음).
1274년	원(元)의 1차 일본원정 실패.
1281년	원(元)의 2차 일본원정 실패.
1333년	가마쿠라 막부(鎌倉幕府)가 멸망함.
1334년	고다이고 천황이 천황중심의 정치인 겐무신정(建武の新政)을 실시함.
1335년	쇼군 아시카가 다카우지(足利尊氏)가 고다이고 천황에 반란을 일으킴.
1336년	아시카가 다카우지(足利尊氏)가 교토(京都)를 장악하고 고다이고 천황을 폐위시킴. 무로마치 막부(室町幕府)가 시작됨. 고다이고 천황은 교토(京都)를 탈출하여 요시노(吉野)로 피난하여 남조(南朝)를 수립함. 교토(京都)의 북조(北朝)와 요시노(吉野)의 남조(南朝)가 대립을 시작함. 일본 남북조(南北朝) 시작.
1338년	아시카가 다카우지(足利尊氏)가 정이대장군(征夷大将軍)이 됨. 이때 무로마치 막부(室町幕府)가 시작된다고 보는 견해가 있음.
1378년	무로마치 막부의 3대 쇼군(將軍) 아시카가 요시미츠(足利義満)가 교토의 무로마치(室町)에 새로 쇼군이 거주하는 저택을 지었는데 이 때문에 무로마치 막부(室町幕府)라는 명칭이 생김.
1392년	일본 남북조(南北朝) 종결.
1402년	명(明) 황제가 아시카가 요시미츠(足利義満)를 일본 국왕으로 책봉함.
1404년	명(明)과 일본 사이에 조공무역의 한 형태인 감합무역(勘合貿易)이 개시됨.
1467년	쇼군(將軍)의 후계자 문제로 발생한 내란인 오닌의 난(応仁の乱)이 시작됨. 일본의 전국시대(戰國時代)가 시작됨.
1573년	무로마치 막부(室町幕府)가 오다 노부나가(織田信長)에 의해 멸망됨.
1590년	오다 노부나가(織田信長)의 부하였던 도요토미 히데요시(豊臣秀吉)가 일본 전국을 통일함.
1592년	도요토미 히데요시(豊臣秀吉)가 조선을 침략하여 임진왜란이 일어남.
1603년	도쿠가와 이에야스(徳川家康)가 정이대장군(征夷大将軍)이 됨. 에도 막부(江戸幕府)가 시작됨.

Ⅰ. 일본 남북조시대(南北朝時代)의 역사적 위치

일본의 남북조시대(南北朝時代)는 1336년부터 1392년까지이다. 일본어 발음으로 난보쿠초지다이(なんぼくちょうじだい(南北朝時代))이다. 1336년 교토(京都)를 장악한 쇼군(將軍(장군)) 아시카가 다카우지(足利尊氏)는 고다이고 천황(後醍醐天皇)을 폐위시키고 고묘 천황(光明天皇)을 새로운 천황으로 옹립하였다. 이것이 교토(京都)에 있는 북조(北朝)이다. 1333년 말 고다이고 천황은 교토(京都)를 탈출하여 요시노(吉野)로 피난하였고, 거기서 자신이 정통(正統) 천황이라고 주장했다. 이것이 요시노(吉野)에 있는 남조(南朝)이다.

기원 전후 일본은 백여 개 국(国)으로 분립되어 있었고, 그중 일부는 전한(前漢)의 낙랑군(樂浪郡)에 조공(租貢)하였다. 57년 왜(倭)의 노국왕(奴國王)은 후한(後漢)에 조공(租貢)하였다. 239년 일본 야마타이국(邪馬台国(사마대국))의 여왕 히미코(卑彌呼(비미호))는 중국 삼국시대의 위(魏)에 사절을 보냈다. 히미코(卑彌呼)가 여왕이던 시기 무렵부터 아스카(飛鳥(비조))시대 이전까지가 일본의 역사시대(歷史時代)에서 고훈(古墳)시대로 분류된다. 고훈(古墳)시대 다음에 오는 아스카(飛鳥)시대는 592년부터 710년까지이다. 나라(奈良(내량)) 시대는 710년부터 794년까지이다. 이 시대의 도읍은 헤이조쿄(平城京(평성경))였다. 현재의 나라(奈良)이다. 나라(奈良)시대는 한국에서 발해와 신라가 대치하던 남북국(南北國)시대의 초반기와 겹친다. 나라(奈良)시대 다음이 헤이안(平安(평안))시대이다. 이 시대의 도읍은 헤이안쿄(平安京(평안경))였다. 현재의 교토(京都)이다. 헤이안(平安(평안))시대는 794년부터 1185년 또는 1192년까지이다.

헤이안(平安)시대 다음이 가마쿠라(鎌倉)시대이다. 가마쿠라 막부(鎌倉幕府)가 일본을 통치하던 시대이다. 가마쿠라(鎌倉)는 지금의 일본 가나가와현(神奈川県(신내천현)) 남동부 해안에 위치한 시(市)이다. 가마쿠라(鎌倉)시대는 1185년 또는 1192년부터 1333년까지이다. 가마쿠라 막부(鎌倉幕府)가 무너진 1333년부터 1336년까지 천황이 통치권을 회복하였다. 그때의 천황이 고다이고 천황(後醍醐天皇)이다. 1334년부터 1336년까지 천황이 직접 통치하는 천황중심의 전제정치 시기를 겐무 신정(建武新政(건무신정)) 시기라고 한다. 겐무 신정(建武新政)은 불과 3년 만에 끝났기 때문에 이후 쇼군(將軍(장군))이 장기간 집권한 무로마치 막부(室町幕府)가 성립하는 과도기적 일부과정으로 간주되기도 하였다.

겐무(建武) 3년인 1336년 교토(京都)에서 수립된 막부가 무로마치 막부(室町幕府)이다. 일본 역사상 두 번째 막부였다. 무로마치 막부가 수립된 직후 두 명의 천황이 같은 시기에 존재하는 일본의 남북조(南

北朝)시대가 시작된다. 1333년 가마쿠라 막부가 멸망한 후 고다이고(後醍醐) 천황이 겐무 신정(建武新政)을 내세우며 왕정복고를 시도했으나, 아시카가 다카우지(足利尊氏)가 반기를 들어 고다이고(後醍醐) 천황을 몰아내고 고묘(光明) 천황을 옹립했다. 이것이 교토(京都)의 북조(北朝)이다. 1336년 교토(京都)에서 아시카가 다카우지(足利尊氏)의 지지를 받아 고묘(光明) 천황이 즉위하고 무로마치 막부가 성립하자 고다이고(後醍醐) 천황은 같은 해 12월 요시노(吉野)로 탈출하여 거기서 남조(南朝)를 수립했다. 이리하여 북조(北朝)와 남조(南朝)가 분립된 1336년부터 남북조(南北朝)가 합일(合一)되는 1392년까지 약 56년간 일본의 남북조(南北朝)시대가 전개된 것이다.

1467년 교토(京都)에서 무로마치 막부의 쇼군(将軍(장군)) 후계문제를 둘러싸고 지방관(地方官)인 슈고(守護(수호))들이 서로 싸우는 오닌(応仁(응인))의 난(乱)이 일어났다. 오닌의 난(応仁の乱)은 무로마치 막부 쇼군(将軍)의 권력이 약해짐에 따라 막부정치의 실권이 힘 있는 슈고(守護)들에게 옮겨 가면서 센고쿠 시대(戦国時代(전국시대))가 개시되는 전면적인 전투상태였다. 이를 통해 무로마치 막부 체제는 센고쿠 시대(戦国時代)로 전환되었고, 이후 약 100년 동안 각지에서 무로마치 막부 체제하의 슈고 다이묘(守護大名(수호대명))와는 성질이 다른 센고쿠 다이묘(戦国大名(전국대명))들이 서로 항쟁하였다. 하극상(下剋上)이 빈발하는 약육강식(弱肉強食)의 혹독한 시대였다.[50]

---

50 大石 学 監修, 『一冊でわかる戦国時代』, 河出書房新社, 2020年, 3面, 20-21

슈고 다이묘(守護大名)는 슈고(守護)와 다이묘(大名)를 겸하는 자를 말한다. 슈고(守護)는 막부정권의 통제를 받는 무사신분의 지방행정관이다. 다이묘(大名)는 지방의 영주(領主)를 칭하는 명칭이다. 슈고 다이묘와 달리 일본 전국시대(戰国時代)에 새로 생겨난 센고쿠 다이묘(戦国大名)는 막부정권으로부터 벗어나 자신의 영지에 대한 지배를 크게 강화한 다이묘(大名)이다. 센고쿠 다이묘는 수 개의 군(郡) 또는 한 개 내지 두 개 이상의 구니(国) 규모 영역을 지배한 다이묘를 말한다. 구니(国)는 일본의 옛 지방행정구역 단위이다.

슈고 다이묘는 각각 한 지방을 단위로 임명되었고 그 권한 및 영향력이 자신이 슈고(守護)에 임명된 한 개의 지방만으로 제한되었으나 센고쿠 다이묘가 지배하는 영지(領地)는 한 개의 지방만으로 제한되지 않았다. 센고쿠 다이묘는 수개 지방 규모의 영역을 전부 지배하는 경우가 많았다. 전국시대(戰国時代)에는 센고쿠 다이묘에 의한 각 지배지의 영국(領国)화가 진전되어 전국적으로 지방분권화 경향이 나타났다. 그러나 오다 노부나가와 도요토미 히데요시의 전국통일로 중앙집권화가 되면서 센고쿠 다이묘의 독립성은 크게 쇠약해졌다.

센고쿠 다이묘들의 주요 싸움터가 된 교토(京都)는 폐허가 되었고

面 및 小和田哲男, 『戰国 戰の作法』, 株式会社 G.B., 2021年, 2面, 그리고 R. H. P. Mason & J. G. Caiger, 『A History of Japan』 Revised Edition, Tuttle Publishing, 1997, pp. 144-145.

전국이 괴멸적인 피해를 입고 황폐해지게 되었다. 1573년 센고쿠 시대(戦国時代)의 다이묘(大名)인 오다 노부나가(織田信長)는 무로마치 막부의 제15대 쇼군(将軍) 아시카가 요시아키(足利義昭)를 교토(京都)에서 추방시켰다. 이로써 무로마치 막부가 무너짐과 동시에 센고쿠 시대(戦国時代)도 끝나게 되었다. 1582년 오다 노부나가는 혼노지(本能寺(본능사))의 변(変)으로 갑작스럽게 사망하였다. 혼노지의 변(本能寺の変)은 오다 노부나가의 가신(家臣)인 아케치 미츠히데(明智光秀)가 반란을 일으켜 오다 노부나가를 죽인 사건이다. 아케치 미츠히데(明智光秀)가 왜 모반을 일으켰는지 그 이유를 명확히 알 수 없기 때문에 혼노지의 변(本能寺の変)은 일본 역사에서 최대의 미스터리로 꼽힌다.

오다 노부나가의 가신(家臣)이었던 도요토미 히데요시(豊臣秀吉)는 오다 노부나가를 계승하였고 얼마 안 있어 1590년에 일본 전국을 통일하였다. 1592년 도요토미 히데요시는 임진왜란을 일으켜 조선(朝鮮)을 침략했지만 결국 조선을 정복하는 데 실패했다. 1598년 도요토미 히데요시는 사망하였다. 1600년 도요토미 히데요시의 아들 도요토미 히데요리(豊臣秀頼)를 지지하는 서군(西軍)과 센고쿠 다이묘(戦国大名)였던 도쿠가와 이에야스(徳川家康)를 지지하는 동군(東軍)이 크게 싸웠다. 이 싸움을 세키가하라 전투(関ヶ原の戦い)라고 하는데, 동군(東軍)이 승리했다.

1603년 도쿠가와 이에야스(德川家康)는 정이대장군(征夷大將軍)이 되었고 이로써 에도 막부(江戸幕府(강호막부))가 시작되었다. 이후 일본은 200년 넘게 에도 막부(江戸幕府)의 지배하에 있었다. 1867년 에도 막부를 쓰러뜨리려는 세력의 압력에 따라 에도 막부의 마지막 쇼군(将軍) 도쿠가와 요시노부(德川慶喜)는 막부(幕府)의 권력을 천황에게 돌려준다는 대정봉환(大政奉還)을 승인하였다. 같은 해 막부를 폐지하고 천황을 중심으로 하는 새로운 정부를 수립한다고 선언한 문서인 왕정복고 대호령(王政復古大号令)이 발표되었다. 1868년 1월 천황중심의 중앙집권체제를 새로 수립하여 정치·경제·문화 전 분야에 걸쳐 근대화를 성공시킨 일련의 개혁을 의미하는 메이지 유신(明治維新(명치유신))이 개시되었다. 막부중심의 정권에서 천황중심의 정권으로 전환된 1868년 당시의 일본 천황이 메이지(明治) 천황이었기 때문에 메이지 유신(明治維新)이라고 불린다.

1867년 에도 막부(江戸幕府)가 무너지고 천황을 중심으로 하는 새로운 메이지(明治) 정부가 수립된 상황은 1333년에 가마쿠라 막부(鎌倉幕府)가 멸망하고 천황이 직접 통치하는 천황중심의 전제정치가 시작되는 겐무 신정(建武新政(건무신정))이 성립된 상황과 비슷하다. 그러나 고다이고(後醍醐) 천황을 중심으로 한 겐무 신정(建武新政)은 불과 3년 만에 끝난 데 반하여, 메이지(明治) 천황을 중심으로 한 메이지(明治) 정부는 1868년부터 쇼와(昭和) 천황을 중심으로 한 쇼와(昭和) 정부가 태평양전쟁에서 패배한 1945년까지 약 77년 동안 이어졌다.

II. 가마쿠라 막부(鎌倉幕府)의 멸망

일본의 가마쿠라 막부(鎌倉幕府), 무로마치 막부(室町幕府), 에도 막부(江戶幕府) 시대의 막부정치(幕府政治)는 천황을 허수아비로 만들고 쇼군(將軍(장군))이 세습정치를 행하는 것이었다. 이것은 왕이 아닌 자가 권력을 세습하는 정치였다. 1170년 한반도의 고려(高麗)에서 무신의 난이 일어나 100년간 무신정권이 지속되었는데, 그중 1196년부터 1258년까지 62년간 지속된 최씨무신정권은 일본의 막부정치와 비슷한 상황이었다.[51)]

일본의 가마쿠라 막부(鎌倉幕府)의 성립시기에 대하여는 6개의 견해가 대립하고 있다. 1180년설, 1183년설, 1184년설, 1185년설, 1190년설, 1192년설이다. 1192년은 미나모토노 요리토모(源賴朝)가 세이이타이쇼군(征夷大將軍(정이대장군))에 임명된 해이다.

세이이타이쇼군(征夷大將軍)을 줄여서 쇼군(將軍(장군))이라고 부른다. 정이대장군(征夷大將軍)이란 홋카이도(北海道) 등을 포함한 일본의 북부지역에 거주하던 선주민(先住民)인 에미시(蝦夷(하이))를 정벌하

---

51 한영우, 『다시찾는 우리역사』 제2전면개정판, 경세원, 2022년, 228-232면.

는 군대의 총대장(總大將)에게 수여된 직명(職名)이었다. 미나모토노 요리토모(源賴朝) 이후 정이대장군(征夷大將軍) 또는 단순히 장군(將軍)이라고 하면 무인(武人)의 대표자라는 인식이 정착되어 갔다.

정이대장군(征夷大將軍)이 주거로 사용하는 저택을 막부(幕府)라고 부른다. 막부(幕府)는 원래 중국어인데, 출정(出征) 중인 장군이 머무는 곳으로 막(幕)으로 주위를 에워싼 진영(陣營)을 의미했다. 영어로는 'the curtain tent put on the front lines'로 번역된다. 이것이 일본에서는 근위대장(近衛大將)의 저택을 의미하는 것으로 사용되다가 더 나아가 장군의 공관(公館)을 뜻하게 되었다. 막부(幕府)가 무가정치(武家政治)의 정부(政府)를 지칭하게 된 것은 훨씬 후세에 이르러서였다.[52)]

가마쿠라(鎌倉)는 지금의 일본 가나가와현(神奈川県(신내천현)) 남동부 해안에 위치한 시(市)로 당시에는 동해도(東海道)의 요충지(要衝地)였다. 남쪽으로는 바다에 면해 있고 북쪽, 동쪽, 서쪽은 작은 구릉(丘陵)으로 둘러싸여 있었다.[53)]

---

52 佐藤信·五味文彦·高埜利彦·鳥海靖 編,『詳說 日本史研究』, 山川出版社, 2020年, 136-137面 및 佐藤信·五味文彦·高埜利彦 編/ 近藤成一·亀井ダイチ利永子·亀井ダイチ アンドリュー 翻訳,『英文詳說日本史 JAPANESE HISTORY for High School』, 山川出版社, 2024年, p. 104, 그리고 小路田泰直,『日本通史』, かもがわ出版, 2024年, 95面.

53 佐藤信·五味文彦·高埜利彦·鳥海靖 編,『詳說 日本史研究』, 山川出版社, 2020年, 135面.

1272년 고사가(後嵯峨) 천황이 죽은 후 황족은 지묘인(持明院(지명원)) 왕통과 다이카쿠지(大覺寺(대각사)) 왕통으로 양분(兩分)되었다. 지묘인통(持明院統)과 다이카쿠지통(大覺寺統)은 서로 천황계승권을 차지하기 위하여 싸움을 벌였다. 천황계승권에는 황실소유의 토지상속권도 있었기 때문에 싸움은 깊어만 갔다. 지묘인통(持明院統)은 고후카쿠사(後深草) 천황의 후손이고, 다이카쿠지통(大覺寺統)은 가메야마(亀山) 천황의 후손이다. 이들 양계통(兩系統)은 서로 우위를 차지하기 위하여 가마쿠라 막부(幕府)의 지지를 얻으려고 했다. 이에 가마쿠라 막부는 양계통(兩系統)을 자주 중재해야 했다. 결국 막부(幕府)는 양계통(兩系統)에서 번갈아 가면서 천황에 즉위하는 내용의 합의를 이끌어 냈다. 양계통(兩系統)에서 번갈아 가면서 천황에 즉위하는 것을 양통질립(兩統迭立)이라고 한다.

1318년 고다이고 천황(後醍醐天皇)은 양통질립(兩統迭立) 방식으로 천황이 되었다. 고다이고 천황은 다이카쿠지(大覺寺) 왕통이다. 천황에 즉위하자마자 고다이고(後醍醐)는 친정(親政)을 시작했고 천황의 지위를 안정시키기 위하여 천황의 권력을 확고히 하기 시작했다.

한편, 당시 나이가 어린 호조 다카토키(北条高時)가 가마쿠라 막부의 실권자인 싯켄(執權(집권))이 되었고, 이때 내관령(内管領)이었던 나가사키 타카스케(長崎高資)가 권력을 남용하고 있었다. 내관령(内管領)은 싯켄(執權)을 보좌하는 직위로 권세를 휘두를 수 있는 위치에 있었다. 가인(家人)들은 도쿠소 전제정치(得宗専制政治)에 분개하였다. 도쿠소(得宗(득종))는 가마쿠라 막부의 싯켄(執権(집권)) 호조씨(北条氏)의 소료(惣領(총령)) 가계(家系)를 말한다. 소료(惣領)는 한 집안의 계승자 또는 장남을 의미한다. 총령(惣領)의 또 하나의 의미는 전체를 통틀어 관리하는 사람이다.

고다이고 천황(後醍醐天皇)은 가마쿠라 막부(幕府)가 보증한 양계통(兩系統)에서 번갈아 가면서 천황에 즉위하는 양통질립(兩統迭立)에 불만을 품고 있었다. 도쿠소 전제정치(得宗専制政治)에 대한 사람들의 불만이 강해지고 있던 상황을 지켜보고 있던 고다이고 천황은 가마쿠라 막부를 타도할 계획을 세우기 시작했다. 1324년 고다이고 천황의 막부타도계획은 막부에 발각되어 실패로 끝났다. 이것을 쇼추의 변(正中の変(정중의 변))이라고 한다. 1331년 고다이고 천황은 막부를 타도하기 위하여 군사를 일으켰으나 이번에도 실패로 끝났다. 이것을 겐코의 변(元弘の変(원홍의 변))이라고 한다. 1331년 지묘인(持明院) 왕통인 고곤 천황(光厳天皇)이 막부의 지지를 받아 천황이 되었고, 다이카쿠지(大覺寺) 왕통인 고다이고 천황은 1332년에 오키(隠岐)섬으로 유배되었다.

그러나 고다이고 천황의 아들 모리요시 친왕(護良親王)과 구스노키 마사시게(楠木正成) 등이 가마쿠라 막부세력에 대항하기 위해서 아쿠토(悪党(악당))와 같은 반막부(反幕府) 세력을 집결시켰다. 아쿠토(悪

党)란 중세 일본에서 막부(幕府)·조정(朝廷)·장원영주(莊園領主)의 지배 질서에 대하여 적대적인 행동을 취하여 봉기(蜂起)를 일으킨 사람들의 집단을 말한다. 한국어에서 사용하는 악당(惡黨)과는 다르다. 한국어에서 악당(惡黨)은 악한 사람의 무리 또는 나쁜 짓을 일삼는 사람이라는 뜻이다.

1333년 고다이고 천황이 오키(隱岐)섬에서 탈출한 후 점점 더 많은 세력이 고다이고 천황의 부름에 응하여 막부와의 전투에 가담하였다. 막부군의 사령관으로 키나이(畿內(기내))지역으로 파견된 아시카가 다카우지(足利尊氏)는 처음에는 막부군의 편에 있었으나 천황 편으로 돌아서 반막부(反幕府)를 표방하고 로쿠하라 단다이(六波羅探題(육파라탐제))를 격파하였다. 로쿠하라 단다이(六波羅探題)는 가마쿠라 막부의 지휘를 받아 조정권력(朝廷權力)을 감시하고 교토(京都) 내외를 경비하고 사이고쿠(西國)지역의 군사적 지배 및 재판 등을 행하는 등 정무에 관하여 중요한 임무를 가진 관직을 말한다.

1221년에 일어난 조큐(承久(승구))의 난(乱) 이후 막부가 로쿠하라(六波羅)지역의 북측과 남측에 설치한 막부기관(幕府機關)의 장(長)이 로쿠하라 단다이(六波羅探題)였다. 로쿠하라(六波羅(육파라))는 교토(京都)에 있는 지명이다. 조큐(承久)의 난은 조큐(承久) 3년인 1221년에 고토바(後鳥羽(후조우)) 상황(上皇)이 가마쿠라 막부(鎌倉幕府)에 대한 토벌군을 일으켰다가 패배한 병란(兵亂)이다. 가마쿠라 막부는 조정(朝廷) 측의 반막부(反幕府) 움직임을 항상 감시하고 제어할 필요가 생겼기 때문에 종래 교토슈고(京都守護)의 직제(職制)를 계승하여 로쿠하라 단다이(六波羅探題)를 설치했던 것이다.

칸토(関東) 지역에서 군사를 일으킨 닛타 요시사다(新田義貞)도 가마쿠라 막부의 실권자 호조 다카토키(北条高時)세력을 격파하여 1333년에 가마쿠라 막부를 멸망시켰다.[54)]

가마쿠라 막부의 멸망과 고다이고 천황의 승리는 일시적이었다. 19세기 에도 막부(江戸幕府)가 무너지고 천황중심의 정치가 확립되어 지속되었던 것과 달리 천황중심의 정치는 단기간에 끝나 버렸다. 무로마치 막부(室町幕府)는 고다이고 천황을 몰아내었고, 다시 막부정치가 계속되었다.

---

54 佐藤信·五味文彦·高埜利彦 編/ 近藤成一·亀井ダイチ利永子·亀井ダイチ アンドリュー 翻訳,『英文詳說日本史 JAPANESE HISTORY for High School』, 山川出版社, 2024, pp. 126-127 및 佐々木潤之介·佐藤 信·中島三千男·藤田 覚·外園豊基·渡邊隆喜 編,『概論 日本歴史』, 吉川弘文館, 2021年, 58-59面, 66面, 그리고 宮地正人 編,『日本史 上』第1版, 山川出版社, 2024年, 193面 및 五味文彦·鳥海靖 編,『新 もういちど讀む山川日本史』, 山川出版社, 2017年, 119面.

Ⅲ. 겐무 신정(建武新政(건무신정))

1333년 가마쿠라 막부가 멸망하고 고다이고 천황(後醍醐天皇)이 교토(京都)로 돌아와서 고곤 천황(光厳天皇)을 천황 자리에서 몰아내고 자신이 통치하기 시작했다. 1334년 연호(年號)를 겐무(建武(건무))로 바꾸었기 때문에 고다이고 천황의 새로운 정권을 겐무 신정(建武新政)이라고 부른다. 겐무(建武)는 고대 중국 전한(前漢)을 찬탈한 왕망(王莽)의 신(新)나라를 멸망시키고 한(漢)을 다시 세웠던 후한(後漢) 광무제(光武帝)의 연호인 건무(建武)에서 따온 것이다.

겐무 신정(建武新政)을 영어로 'Kenmu Restoration'라고 표시한다. 고다이고 천황이 고대 일본의 천황중심의 국가정체성을 복원하려고(restore) 시도했던 점을 반영한다는 의미에서 'Restoration'으로 표현한 것이다. 고다이고 천황의 혁신적인 겐무 신정(建武新政)은 혁명적(revolutionary)이기 때문에 'Kenmu Revolution'이 더 타당한 표현이라고 주장하는 학자들도 있다. 1868년에 시작된 왕정복고를 중심으로 한 개혁인 메이지유신(明治維新)의 영어표현이 'Meiji Restoration'이냐 'Meiji Revolution'이냐의 논쟁도 비슷한 논쟁이다.

천황의 지위를 강화하고자 한 고다이고 천황은 율령정치(律令政治)의 부활을 목표로 하여 팔성(八省) 및 국사제도(国司制度) 등을 정비하였다. 팔성(八省)은 중앙의 여덟 관청이고 국사(国司)는 조정에서 여러 지방에 파견한 지방관이다. 겐무 신정(建武新政)은 천황중심의 전제정치로 무사(武士) 사회의 관습을 무시한 정책이 많았고, 종래의 가문, 관위(官位)를 무너뜨리는 측면이 있었기 때문에 무사(武士)뿐만 아니라 공가(公家)로부터도 반발이 심했다. 특히 공가(公家)와 무가(武家)의 최대 관심사인 토지의 영유(領有)를 인정하는 권한은 천황에 의하여 장악되었다. 고다이고 천황은 교토(京都)로 돌아오자마자 천황의 지령서인 '윤지(綸旨)'를 토지소유권을 확인하는 유일한 근거로 정했기 때문이다. 공가(公家)는 조정(朝廷)에 종사하던 귀족 및 관리 계층을 의미하고 무가(武家)와 대조되는 문신(文臣)을 말한다. 무가(武家)는 군사(軍事)를 맡은 관직을 가진 가문의 총칭이다.

천황의 지위를 위협하는 무가정부(武家政府)인 막부(幕府)와 인세이(院政(원정))의 존재는 부정되었다. 인세이(院政)는 천황이 퇴위한 뒤에도 상왕(上皇)이 되어 실질적 통치자로서 정사(政事)를 행하던 제도를 말한다. 퇴위한 천황이 머물러 있으면서 정무를 보았던 처소(處所)를 '원(院)'이라고 불렀기 때문에 '인세이(院政)'라는 명칭이 생겼다.

섭정(摂政)과 관백(関白)의 직무도 폐지되었다. 섭정(摂政)은 천황이 어리거나 병약할 때 천황을 대신해 정무를 보는 것을 말하며, 관백(関白)은 성인천황을 보좌하여 정무를 총괄하던 최고위 관직으로 일본 조정에서 실질적인 권력을 행사한 직위였다. 관백은 천황의 권위를 빌려 정치를 총괄한 귀족 권력자로 형식적으로는 무사계급의 최고 권력자인 쇼군(將軍(장군))보다 더 높은 지위로 여겨졌다.

국사제도(国司制度)의 개혁에 의하여 치교우코쿠(知行国(지행국))는 부정되어 상급귀족들은 경제적으로 큰 타격을 받았다. 국사(国司)는 각 지방에 두었던 지방관을 말한다. 치교우(知行(지행))는 일본의 중세·근세에 있어서 유력귀족(有力貴族)·불교사찰과 신사(神社)·무가(武家)에게 지급되었던 봉토(封土)를 의미한다. 치교우켄(知行権(지행권))은 치교우(知行)에서 수익을 얻는 영지지배권(領地支配権)을 말한다. 치교우코쿠(知行国)는 치교우켄(知行権)의 대상이 되는 지역을 말한다.

1335년 고다이고 천황은 1219년에 소실(焼失)된 이후 재건되지 않고 있던 교토 평안경(平安京)의 궁성을 지칭하는 다이다이리(大内裏)를 지을 계획을 세우고, 그 재원(財源)을 마련하기 위하여 전국에 중세를 부과했다. 이로 인하여 사회에 큰 혼란이 발생하였다. 그리고 정권내부에서는 고다이고 천황의 아들 모리요시 친왕(護良親王)과 쇼군(將軍)인 아시카가 다카우지(足利尊氏)의 대립이 심화되었다.

공가(公家)에 비하여 은상(恩賞)을 적게 받은 무사(武士)들은 천황정권에 대하여 실망했고 점차 불만이 커졌다. 은상(恩賞)은 공적(功績)에 대하여 천황이 주는 상(賞)을 말한다. 무사(武士)의 관습을 무시한 정책이 많았던 겐무 신정(建武新政)에 대한 불만으로 각지에서 호조씨(北条氏) 가문을 중심으로 지방무사들의 반란이 일어났다. 가장 큰 반란은 나카센다이의 난(中先代の乱)으로 1335년에 호조 도키유키(北条時行)가 현재의 나가노(長野)인 시나노(信濃)에서 군사를 일으켜 아시카가 타다요시(足利直義)를 격파하고 가마쿠라(鎌倉)를 점령한 사건이다. 호조 도키유키(北条時行)는 호조 다카토키(北条高時)의 아들이고, 아시카가 타다요시(足利直義)는 아시카가 다카우지(足利尊氏)의 친동생이다.

정치적 갈등과 사회적 분열에 따른 대중들의 천황정권에 대한 급속한 신뢰상실을 감지한 아시카가 다카우지(足利尊氏)는 비밀리에 막부(幕府)를 재건하려는 계획을 세웠다. 아시카가 다카우지는 나카센다이(中先代)의 난(乱)을 기회로 활용하였다. 아시카가 다카우지의 군대는 가마쿠라(鎌倉)로 가서 나카센다이의 난을 진압하였다. 아시카가 다카우지는 천황의 명령 없이 독단적으로 출병하여 반란을 진압한 것이었다. 전장에서는 장군의 명령이 무엇보다 우선하고, 조정의 조칙(詔勅)은 그다음이라는 논리에 따른 것이었는데 이는 20세기 전반의 쇼와(昭和) 시대 일본 장군들의 독단적인 행동과 비슷하다. 아시카가 다카우지는 나카센다이의 난(中先代の乱)을 진압한 가마쿠라(鎌倉)에서 고다이고 천황이 새로운 정치(=新政(신정))를 하고 있는 겐무 정권(建武政權)에 대하여 반란을 일으켰다.

고다이고 천황은 아시카가 다카우지(足利尊氏)의 반란을 진압하기 위해 닛타 요시사다(新田義貞)를 파견했다. 아시카가 다카우지와 그의 친동생 아시카가 타다요시(足利直義)는 닛타 요시사다를 격파하고 교토(京都)로 진격하였다. 그러나 교토에서 고다이고 천황 측 세력인 기타바타케 아키이에(北畠顕家) 등에게 패하여 일단 규슈(九州)로 도망갔다. 규슈에서 세력을 회복한 아시카가 다카우지는 재차 교토로 진격하여 셋쓰(摂津)의 미나토가와(湊川)에서 고다이고 천황 측 세력인 구스노키 마사시게(楠木正成)를 격파하고 드디어 교토를 제압하였다. 셋쓰(摂津)는 지금의 오사카부(大阪府) 중부와 북부, 효고현(兵庫県)의 남동부에 걸쳐 있는 지역이었다. 아시카가 다카우지의 군대가 교토로 들어온 후 고다이고 천황은 카잔인(花山院(화산원))에 유폐되었다. 얼마 안 있어 고다이고 천황은 지금의 나라현(奈良県)에 위치한 요시노(吉野)로 도망가서 남조(南朝)를 열었다.[55)]

---

55 佐藤信·五味文彦·高埜利彦 編/ 近藤成一·亀井ダイチ利永子·亀井ダイチ アンドリュー 翻訳, 『英文詳説日本史 JAPANESE HISTORY for High School』, 山川出版社, 2024, pp. 127-128, p. 160 및 伊藤之雄·大津 透·久留島典子·藤田覚, 『もういちど讀みとおす山川新日本史 上』, 山川出版社, 2022年, 116-117面, 그리고 佐藤信·五味文彦·高埜利彦·鳥海靖 編, 『詳說 日本史研究』, 山川出版社, 2020年, 175-177面 및 木村茂光·小山俊樹·戸部良一·探谷幸治 編, 『大学でまなぶ日本の歴史』, 吉川弘文館, 2024年(令和 6), 76-77面, 그리고 洪維揚 著, 『一本就懂 日本史』, 好讀出版有限公司, 2020年, 128面.

Ⅳ. 무로마치 막부(室町幕府)의 성립과 남북조시대(南北朝時代)의 시작

1336년 교토(京都)를 장악한 아시카가 다카우지(足利尊氏)는 고다이고 천황을 폐위시키고 지묘인(持明院) 왕통의 고묘 천황(光明天皇)을 새로운 천황으로 옹립하였다. 그러고 나서 당시 직면한 정치적 문제를 해결할 방침을 밝힌 겐무 시키모쿠(建武式目(건무식목))를 공표하였는데, 그 내용은 막부(幕府)를 설립하기 위한 정부정책이었다. 막부(幕府)를 어느 지역에 둘지 논의가 되었다. 아시카가 타다요시(足利直義) 등은 겐무신정(建武新政)의 신정부(新政府)와 절연(絶緣)시켜 가마쿠라(鎌倉)에 무가(武家)만의 정권을 만들고자 하였으나 결국에는 신정부(新政府)가 있던 교토(京都)에서 막부를 수립하기로 결정되었다. 겐무(建武) 3년인 1336년 11월 7일 교토(京都)에서 수립된 막부가 무로마치 막부(室町幕府)이다. 1336년 11월 7일은 겐무 시키모쿠(建武式目(건무식목))가 반포(頒布)된 날이다. 무로마치 막부의 3대 쇼군(將軍) 아시카가 요시미쓰(足利義滿)가 1378년에 교토의 무로마치(室町)라는 곳에 새로운 저택 '꽃의 궁궐(=花の御所(하나노고쇼))'을 지어 쇼군이 거주하는 곳으로 정했는데, 이 때문에 무로마치 막부(室町幕府)라는 명칭이 생긴 것이다.

무로마치 막부(室町幕府)의 성립 시기에 대하여는 가마쿠라 막부(鎌倉幕府)의 성립 시기에 대하여 견해가 대립하는 것과 같이 견해의 대립이 있다. 겐무 시키모쿠(建武式目)가 반포(頒布)된 1336년에 무로마치 막부(室町幕府)가 성립한다는 견해와 아시카가 다카우지(足利尊氏)가 북조(北朝)로부터 정이대장군(征夷大將軍)으로 임명된 1338년에 무로마치 막부(室町幕府)가 성립한다는 견해의 대립이 있다. 무로마치 막부(室町幕府)를 아시카가 막부(足利幕府)라고도 부른다.

1336년 말 고다이고 천황은 교토(京都)를 탈출하여 교토(京都)보다 남쪽에 위치하고 있는 지역인 요시노(吉野)로 피난하였고, 거기서 자신이 정통(正統) 천황이라고 주장했다. 이로써 요시노(吉野)에도 조정(朝廷)이 출현하였고 이것을 남조(南朝)라고 부른다. 교토(京都)에 있는 조정(朝廷)은 북조(北朝)라고 부른다. 이로써 두 명의 천자(天子)가 출현하였는데 한 명은 교토(京都)에 있고 다른 한 명은 요시노(吉野)에 있게 되었다. 이런 상황을 나라(奈良) 흥복사(興福寺)의 주지(住持)는 자신의 일기에 '一天兩帝, 南北京(일천양제, 남북경)'이라고 표현했다.

이후 남조(南朝)와 북조(北朝)의 항쟁은 전국에 걸쳐서 남북조가 합체(合體)되는 1392년까지 약 56년 동안 계속되었고 이를 남북조(南北朝)의 동란(動亂)이라고 부른다. 1336년부터 1392년까지 남조와 북조의 대립 시기를 특히 남북조시대(南北朝時代)라고 부른다.[56)]

---

56 佐藤信·五味文彦·高埜利彦·鳥海靖 編, 『詳說 日本史硏究』, 山川出版社, 2020年,

177–178面, 182面 및 洪維揚 著,『一本就懂 日本史』, 好讀出版有限公司, 2020年, 128–131面, 그리고 R. H. P. Mason & J. G. Caiger,『A History of Japan』Revised Edition, Tuttle Publishing, 1997, pp. 139–141 및 佐藤信·五味文彦·高埜利彦 編/ 近藤成一·亀井ダイチ利永子·亀井ダイチ アンドリュー 翻訳,『英文詳說日本史 JAPANESE HISTORY for High School』, 山川出版社, 2024, pp. 128–129, 그리고 佐藤進一,『日本の歴史9 南北朝の動亂』中公文庫, 中央公論新社, 2020年, 165面, 168–169面.

V. 남북조시대(南北朝時代)의 동란(動亂)

1336년부터 1392년까지 약 56년 동안 계속되었던 남북조(南北朝)의 동란(動亂)에서 실질적으로 남조(南朝)와 북조(北朝)가 전쟁을 벌인 것은 극히 단기간에 불과했다. 1338년 오슈(奥州(오주))에서 고다이고 천황 측 세력인 기타바타케 아키이에(北畠顕家)는 다시 상경(上京)하여 교토(京都)로 진군하였으나 북조군(北朝軍)에게 저지당하고 전사(戰死)하였다. 오슈(奥州(오주)) 지방은 지금의 후쿠시마(福島)·미야기(宮城)·이와테(岩手)·아오모리(青森)의 4현(県)에 해당하는 일본의 옛 지방명칭이다. 뒤이어 고다이고 천황 측 세력인 닛타 요시사다(新田義貞)는 에치젠(越前)에서 세력을 구축하려 했지만 실패하고 전사(戰死)하면서 남조(南朝)는 주요전력을 상실하였다. 에치젠(越前)은 현재의 후쿠이현(福井県) 일대를 말한다. 현재 일본 후쿠이현 중남부에 에치젠시(越前市)가 있다.

1339년 실의에 빠진 남조(南朝)의 고다이고 천황(後醍醐天皇)은 요시노(吉野)에서 사망하였다. 이후 남조(南朝)는 기타바타케 지카후사(北畠親房)의 주도하에 도호쿠(東北)·간토(関東)·규슈(九州) 등의 지방에 남은 소수의 세력권을 기반으로 북조(北朝)에 대하여 계속 항전하였다.

남조(南朝)는 조직적인 전력을 거의 가지지 못했음에도 불구하고 북조(北朝)가 남조(南朝)를 단번에 멸망시키지 못한 이유가 있다. 남조(南朝)가 나라현(奈良県)에 위치한 요시노(吉野)와 아노우(賀名生) 등 요충지를 본거지로 삼은 것, 이세(伊勢)·키이(紀伊)의 수군세력(水軍勢力)을 매개로 하여 동국(東國) 및 서국(西國)과 계속 연락을 유지한 것, 삼종의 신기(三種の神器)로 상징되고 있는 남조정통(南朝正統)의 이념이 존재하고 있던 것 등의 이유를 들 수 있다. 삼종(三種)의 신기(神器)는 일본의 황위(皇位) 계승의 징표로서 대대로 계승된 세 가지 보물을 말한다. 그러나 근본적인 이유는 오히려 북조(北朝) 측에 있었다. 북조(北朝)를 떠받치고 있던 막부(幕府)는 심각한 내부분열에 의해 흔들리고 있었던 것이다.

1338년 아시카가 다카우지(足利尊氏)는 북조(北朝)로부터 정이대장군(征夷大將軍)으로 임명되어 막부정치(幕府政治)를 부흥하였다. 그 당시 막부(幕府)내에서는 권한이 명확하게 분할되어, 아시카가 다카우지(足利尊氏)와 아시카가 다다요시(足利直義)의 이두정치(二頭政治)가 펼쳐지고 있었다. 다카우지(尊氏)와 다다요시(直義)는 친형제 사이이다. 장군(將軍) 아시카가 다카우지는 전국무사들 사이에 맺어진 주종(主從)관계를 통할하고, 중앙에 설치한 사무라이도코로(侍所(시소))와 지방에 설치한 슈고(守護(수호))를 매개로 하여 무가(武家)의 우두머리로 군림하였다. 군사활동을 공무로 봉사하도록 요구하고 공무봉사에 대한 상(賞)을 주는 권한을 장악한 아시카가 다카우지는 군사(軍事)의 장(長)이었다. 아시카가 다카우지의 친동생 아시카가 다다요시는 통치권한을 장악하여 행정·사법 기구(機構)를 매개로 하여 정치를 행하였다. 아시카가 다다요시는 정사(政事)의 장(長)이었다.

군사(軍事)의 장(長) 아시카가 다카우지(足利尊氏)와 정사(政事)의 장(長) 아시카가 다다요시(足利直義)는 서로 보완하여 막부정치(幕府政治)를 추진해 갔다. 그렇지만 한 개의 권력체제 속에서 권한이 두 개로 분할된 상태가 지속되는 것은 어려운 일이었다. 두 형제는 자주 군사(軍事)를 우선할 것인가 정사(政事)를 우선할 것인가라는 문제를 둘러싸고 충돌하였고 형제간에 차츰 균열이 생기게 되었다. 그 위에 아시카가 다카우지와 아시카가 다다요시의 대립을 심각하게 만든 것은 아시카가 다카우지의 집사(執事)였던 고노 모로나오(高師直)라는 존재였다. 고노 모로나오(高師直)는 기나이(畿内(기내))의 신흥무사 층을 흡수하여 강력한 아시카가 다카우지(足利尊氏)의 친위군을 조직하여 반대세력인 기타바타케 아키이에(北畠顕家) 및 구스노키 마사시게(楠木正成)의 아들 마사츠라(正行) 등을 제거했다. 기나이(畿内)는 근대 이전에 일본에서 천황의 황궁이 자리한 수도의 주변 지역을 가리키는 지명으로 오늘날 교토부 남부, 나라현, 오사카부, 효고현 동남부 일대이다.

고노 모로나오(高師直)는 전통적인 권위와 장원제(莊園制)의 틀을 부정한 인물로서 질서를 중시하여 전통적인 권위와의 조화를 모색하는 아시카가 다다요시(足利直義)와는 정반대의 입장이었다. 대략적으로 정리하면 신흥무사 층과 무단정치적(武斷政治的) 무사들은 고노 모로나오(高師直)를 지지하였고, 유서 깊은 보수적인 무사 층과 문치(文治)를 중시하는 무사들은 아시카가 다다요시(足利直義)를 지지했던 것으로 알려져 있다. 급진적인 고노 모로나오와 점진적인 아시카가 다다요시의 대립은 아시카가 다카우지와 아시카가 다다요시의 대립이기도 하였다. 두 세력 사이의 대립은 간노(観応) 원년(元年)인 1350년부터 간노의 소란(観応(관응)の擾乱(요란))이라고 불리는 전국적인 쟁란(爭亂)으로 발전하였다. 1351년 고노 모로나오(高師直)가 살해되고 1352년에 아시카가 다다요시가 패하여 사망한 후에도 항쟁은 계속되었다. 아시카가 다카우지(足利尊氏)와 그 아들 아시카가 요시아키라(足利義詮)의 일파, 아시카가 다다요시의 양자(養子)인 아시카가 다다후유(足利直冬)의 일파, 남조(南朝)세력, 3자가 서로 싸우면서 이합집산(離合集散)을 반복하였다. 내분(內紛)이 있는 동안에 아시카가 다카우지나 아시카가 다다요시도 방편(方便)이기는 했지만 일시적으로 남조(南朝)세력에 항복하였다. 남조군(南朝軍)은 막부(幕府)에 반항하는 세력의 도움을 받아 4번에 걸쳐 교토(京都)로 진공하였다.

북조(北朝)와 남조(南朝), 아시카가 다카우지파와 아시카가 다다요시파의 싸움이 장기에 걸쳐 진행되었던 배경에는 무사사회(武士社會)

의 변모가 있었다. 그 당시 분할상속이 단독상속으로 변화하여 정착되었고, 본가(本家)와 분가(分家)의 유대관계를 전제로 한 총령제(惣領制)가 붕괴되었다. 총령제(惣領制)는 총령(惣領)을 중심으로 하는 무사단(武士團)제도를 말한다. 총령(惣領)은 종가(宗家)의 장(長)을 말한다. 총령제가 붕괴됨에 따라 무사들의 관계는 혈연(血緣)이 아니라 지연(地緣)으로 맺어지게 되어 각 지방에서는 새로운 무사집단(武士集團)이 생겨났다. 새로 등장한 무사집단들은 각 지방 내지 각 지역에서 주도권을 잡기 위하여 서로 싸우면서 일방이 북조(北朝)에 속하면 다른 일방은 남조(南朝)에 속하고, 일방이 아시카가 다카우지파라면 다른 일방은 아시카가 다다요시파에 속해서 싸웠다. 또 본가(本家)도 더 이상 본가의 지시를 받지 않는 분가(分家)와 싸우는 사태가 자주 벌어지게 되었다. 이 때문에 남북조(南北朝)의 동란(動亂)은 전국으로 확대되고 장기화되는 양상(樣相)을 드러냈다. 동시에 무사들의 지배에 대항하는 농촌공동체가 형성되어 갔다.[57]

57 佐藤信·五味文彦·高埜利彦·鳥海靖 編,『詳說 日本史硏究』, 山川出版社, 2020年, 148面, 178-179面 및 佐々木潤之介·佐藤 信·中島三千男·藤田 覚·外園豊基·渡邊隆喜 編,『概論 日本歷史』, 吉川弘文館, 2021年, 68-69面, 그리고 宮地正人 編,『日本史 上』第1版, 山川出版社, 2024年, 195-196面.

Ⅵ. 슈고 다이묘(守護大名(수호대명))의 대두(擡頭)와 고쿠진 잇키(国人一揆(국인일규))

무로마치 막부(室町幕府)는 가마쿠라 막부(鎌倉幕府)와 겐무 신정(建武新政)을 붕괴시킨 무사들을 정리하기 위하여 각 지방에 슈고(守護(수호))를 지방관으로 파견했다. 슈고(守護)의 대다수는 아시카가씨(足利氏)와 같은 파에 속하는 사람들이었고 그 지방의 유력자(有力者)가 슈고(守護)에 등용되는 예는 드물었다. 무로마치 막부가 슈고(守護)를 지방에 파견해서 지방을 통제한 것은 호조 도쿠소(北条得宗(북조득종)) 정권하의 지방통제체제를 따른 것이라고 할 수 있다. 도쿠소(得宗)는 가마쿠라 막부의 싯켄(執権(집권)) 호조씨(北条氏) 소료(惣領(총령))의 가계(家系)를 말한다. 싯켄(執権)은 가마쿠라 막부시대에 쇼군(將軍)을 대신하여 막부의 정무를 총괄하던 직책이었다. 소료(惣領)는 장남 등 한 집안의 계승자를 의미한다.

무로마치 막부(幕府)는 지방의 무사들을 조직화하기 위하여 슈고(守護)의 권한을 확대시켰다. 가마쿠라(鎌倉) 막부가 정했던 슈고의 권한은 군사·경찰직무인 '대범(大犯) 3개조(三カ条)'였지만 1346년에는 카리타-로제키(刈田狼藉(예전낭적))를 단속할 권한과 시세츠-준교(使節遵行(사절준행)) 권한이 추가되었다. 카리타-로제키(刈田狼藉)는 논밭을 둘러싸고 무사들 사이에서 발생한 분쟁에서 일방적으로 자신의 소유권을 주장하면서 논의 벼를 베어 내어 수확하는 실력행사를 말한다. 무사들의 영유지 분쟁에는 카리타-로제키(刈田狼藉) 같은 실력행사가 발생하기 때문에 슈고는 그것을 단속한다는 명목으로 관할지방 내에서 발생하는 무사들의 싸움에 개입할 수 있게 되었다. 시세츠-준교(使節遵行)란 막부가 재판한 판결을 수령한 슈고가 분쟁현지에 사자(使者)를 파견하여 판결내용을 강제적으로 집행하는 것을 말한다. 이로써 슈고는 그때까지는 행사할 수 없었던 사법권(司法權)을 막부의 권세와 위력에 따라 행사할 수 있게 되었다.

남북조의 동란(動亂) 중인 1352년에 무로마치 막부(幕府)는 군사비용을 조달할 목적으로 반제령(半済令)을 공포하였다. 전란(戰亂)이 격심한 오우미(近江)·미노(美濃)·오와리(尾張) 3개 지방에 한정하여 1년 동안만 슈고(守護)에게 각 지방 내에 있는 장원(莊園)·공령(公領)이 해마다 정부에 바치는 공물인 연공(年貢)의 절반을 징수할 수 있게 약속해 준 것이었다. 장원(莊園)은 귀족(貴族)이나 사원(寺院) 또는 신사(神社)가 사유(私有)하던 토지(土地)를 말한다. 공령(公領)은 관청(官廳)의 소유지(所有地)를 말한다.

반제령(半済令)공포 당시 무로마치 막부(幕府)의 내분(內紛)인 '간노의 소란(観応(관응)の擾乱(요란))'이 최고조에 달하여 전쟁이 전국적으로 확대된 상황이었다. 모든 슈고들은 자기 관할지역에서도 반제령이

적용되기를 갈망하였다. 1368년 막부는 일련의 반제(半済)정책을 정리한 반제령을 공포하였다. 1368년은 오안(応安(응안)) 원년(元年)이기 때문에 오안의 반제령(応安の半済令)이라고 부른다. 그 내용은 황실·귀족·절과 신사(神社)소유의 특정 토지를 제외하고 전국의 모든 장원(莊園)을 장원소유자와 무사들이 균분하는 것이었다. 균분의 대상토지가 전국적으로 확대되어 전란시(戰亂時)라는 조건도 없어지고 해마다 바치는 공물뿐 아니라 토지 자체도 분할하게 되었다. 반제령은 내용이 확대되어 전국적으로, 그리고 영속적으로 실행되게 된 것이다. 슈고들은 반제령을 구실로 삼아 반복적으로 장원(莊園)·공령(公領)을 침범하여 연공(年貢) 및 토지를 침탈하여 무사(武士)들에게 나누어 주었다.

슈고(守護)들은 사법권(司法權), 연공(年貢)의 절반징수권 등 새로 얻은 권한을 이용하여 지방의 무사들을 자기의 통제하에 편입시켰다. 지방관으로서의 임무를 실책한 슈고는 해임되었고 막부에서 새로운 슈고가 파견되었다. 남북조의 병란(兵亂)이 일단 진정되어 가는 시기인 아시카가 다카우지(足利尊氏)의 손자 아시카가 요시미츠(足利義滿)가 정권을 행사하던 시기에는 슈고(守護)의 배치가 안정되었고 슈고직(守護職)은 세습되었다. 슈고들은 슈고의 대리인 슈고대(守護代)에게 영지(領地)를 통치시키고 자신들은 교토(京都)로 올라가 막부(幕府)에서 일정한 직위를 차지하여 나랏일에 관여하였다. 유력한 슈고들은 막부정치의 중추(中樞)에 참여하여 막부를 운영하는 임무를 맡았다. 경제적으로는 장원(莊園)의 영주(領主)가 연공(年貢)의 징수를 슈고에게 청부(請負)하는 슈고우케(守護請(수호청))가 성행하였다.

슈고우케(守護請)가 성립함에 따라 장원(莊園)의 영주(領主)는 점점 장원경영(莊園經營)에 대하여 간섭할 수 없게 되었다. 슈고(守護)들은 장원에 대한 지배를 강화함과 동시에 공령(公領)에도 진출하여 지방관아(地方官衙)의 기능을 자기들의 것으로 흡수해서 한 지방 전체에 이르는 지역적 지배권을 확립하였다. 군사 및 경찰권만 가졌던 가마쿠라 막부(鎌倉幕府)의 슈고들과 구별하여 남북조의 동란(動亂)을 겪고 있던 무로마치 막부(室町幕府)의 슈고들은 권한이 강화되어 슈고 다이묘(守護大名(수호대명))라고 부른다. 슈고 다이묘(守護大名)가 만들어 낸 지배체제를 슈고-료고쿠-세이(守護領国制(수호영국제))라고 부르기도 한다.

슈고 다이묘(守護大名)는 영어발음으로 'shugo daimyō'로 표시한다. 슈고(守護)=shugo는 영어로 constables(=the governor of a royal castle)로 번역될 수 있다. 다이묘(大名)는 feudal lord(봉건영주)로 번역될 수 있다. 다이묘(大名)=daimyō는 지역관리자(regional administrator)를 의미한다. 'daimyō'는 영어로 'warlord(군사지도자)' 또는 'lord(영주(領主))'로 번역되기도 한다.

슈고(守護)들은 지방에 거주하는 무사계층인 고쿠진(国人(국인))을 가신(家臣)으로 삼아 세력을 확대하였다. 가마쿠라 막부(鎌倉幕府)시대의 후기 이래 장원(莊園)·공령(公領)에서는 다이칸(代官(대관))을 임명하여 매년 일정한 연공(年貢)의 납입을 청부시키는 다이칸우케(代官請(대관청)) 방식이 일반화되었다. 슈고우케(守護請)나 지토우케(地頭請(지두청))는 다이칸우케(代官請)의 하나였지만, 다이칸(代官)의 경우에는 선승(禪僧)이나 상인, 금융업자가 임명되기도 하였다. 지토(地頭(지두))는 장원(莊園), 공령(公領)을 관리하기 위해 막부에서 파견한 관직 중 하나로 주로 세금징수, 수확관리 등의 업무를 보았다. 슈고(守護)와 함께 두었던 관직이다.

슈고(守護)들은 지방의 무사들을 자기들의 통제하에 편입시킬 때 주종관계(主從關係)를 명확하게 설정하려고 하였다. 실제로 많은 무사들이 슈고(守護)의 로우도(郎党(낭당))로 변해 갔다. 로우도(郎党)는 주인(主人)과 혈연관계가 없고 영지(領地)도 없는 무가(武家)의 가신(家臣)을 말한다. 무사들 중에는 쇼군(將軍)과 직접적인 주종관계를 중요시하는 자들도 있었고, 주종관계를 벗어나 굳세게 자립을 하려는 자들도 있었다. 지방의 토착무사들을 고쿠진(国人(국인))이라고 총칭했다. 슈고 다이묘(守護大名)가 고쿠진(国人)을 가신화(家臣化)하는 데에는 많은 곤란이 따랐다. 슈고 다이묘의 힘이 약한 지역에서는 고쿠진(国人)의 활동이 성행했다. 고쿠진(国人)은 상호간에 분쟁을 스스로 해결하기 위하여 또 세력이 큰 농민을 복종시키기 위해서 상호간에 계약을 맺어 지역적인 잇키(一揆(일규))를 형성하였다. 이것을 고쿠진 잇키(国人一揆(국인일규))라고 한다.

잇키(一揆(일규))는 어떤 일을 성취하기 위하여 '일치단결함' 또는 영주(領主) 등의 횡포에 대한 지방민들의 '무장 봉기'를 의미한다. 일본의 중세 사람들은 개개인의 힘으로는 달성할 수 없는 목적을 실현하기 위하여 신불(神佛)에게 맹세하여 공고히 단결하였다. 이렇게 단결한 집단이 잇키(一揆)이고, 고쿠진 잇키(国人一揆), 쓰치 잇키(土一揆(토일규)), 바샤쿠 잇키(馬借一揆(마차일규)) 등이 있었다. 쓰치 잇키(土一揆)는 농민이 일으킨 폭동 또는 무력봉기이고 바샤쿠 잇키(馬借一揆)는 말을 사용하여 화물(荷物)을 운반하는 운송업자들이 일으킨 폭동 또는 무력봉기이다.

고쿠진 잇키(国人一揆)는 참가한 고쿠진(国人)이 지켜야 할 규약을 만들었고 고쿠진(国人)은 모두 평등할 것과 다수결을 중시할 것을 강조했다. 지방의 토착무사들인 고쿠진(国人)들은 힘을 합하여 자주적인 지역권력을 수립하여 슈고 다이묘(守護大名)의 지배에 저항하였다. 잇키(一揆)는 영어로 'Ikki'라고 표시한다. 'Ikki'와 가까운 의미의 영어는 uprising 또는 riot, revolt가 있지만 일본어 잇키(一揆)의 의미를 정확하게 표현하지 못한다. uprising, riot, revolt에는 단결한 사람들 집단이라는 의미요소가 없기 때문이다.[58)]

---

58 佐藤信·五味文彦·高埜利彦·鳥海靖 編, 『詳說 日本史研究』, 山川出版社, 2020年, 179-181面 및 五味文彦·鳥海靖 編, 『新 もういちど讀む山川日本史』, 山川出版社, 2017年, 122-123面 그리고, 佐藤信·五味文彦·高埜利彦 編/ 近藤成一·亀井ダイチ利永子·亀井ダイチ アンドリュー 翻訳, 『英文詳說日本史 JAPANESE HISTORY for High School』, 山川出版社, 2024年, p. 160 및 R. H. P. Mason & J. G. Caiger, 『A History of Japan』 Revised Edition, Tuttle Publishing, 1997, p. 80, p. 130, 그리고 佐藤進一, 『日本の歷史9 南北朝の動亂』 中公文庫, 中央公論新社, 2020年 388面.

Ⅶ. 무로마치 막부(室町幕府)와 전국시대(戰國時代)의 시작

약 56년간 계속된 남북조의 전란(戰亂)은 초대 쇼군(將軍) 아시카가 다카우지(足利尊氏)의 손자 아시카가 요시미츠(足利義滿)가 1368년에 3대 쇼군(將軍)에 취임하면서 종식(終熄)의 방향으로 나아갔다. 아시카가씨(足利氏) 정권은 안정되었고 여러 지방의 무사들도 막부가 파견한 지방관 슈고(守護(수호))의 지휘하에 편입되어 갔다. 아시카가 요시미츠(足利義滿)가 살아 있던 1358년부터 1408년까지가 아시카가씨(足利氏) 정권의 절정기였다. 남조(南朝)는 저항수단을 상실하여 북조(北朝)를 지지하고 있는 막부(幕府)와의 대화에 응하지 않을 수 없게 되었다. 1392년 남조의 고카메야마 천황(後龜山天皇)은 막부장군 아시카가 요시미쓰(足利義滿)의 부름에 응하여 교토(京都)에 들어와 북조의 고코마쓰 천황(後小松天皇)에게 천황의 지위를 양도하였다. 이로써 남조와 북조로 나뉘었던 2명의 천황은 약 56년 만에 한 명으로 통합되었다.

남조와 북조는 남북조통합의 조건으로 지묘인(持明院) 왕통과 다이카쿠지(大覺寺) 왕통에서 교대로 천황의 자리에 오르기로 약속하였다. 하지만 약속은 지켜지지 않았다. 무로마치 막부는 남조의 황족(皇族)

을 연달아 출가(出家)시켜 그 자손을 단절시켰고, 이에 남조(南朝)사람들은 막부(幕府)와 북조(北朝)에 대하여 깊은 원한을 품게 되었다. 남조(南朝) 사람들은 오닌(応仁(응인))의 난(乱)이 일어난 1467년 무렵까지 반복해서 북조(北朝)에 대하여 반란을 일으켰다.

오닌의 난(応仁の乱)은 쇼군(將軍)의 후계문제를 둘러싸고 지방의 슈고 다이묘(守護大名)들이 교토(京都)에서 벌인 항쟁으로 오닌(応仁) 원년(元年)인 1467년에 일어났다. 오닌의 난으로 인해 무로마치 막부의 권위는 땅에 떨어졌고 막부의 통제력이 붕괴되면서 각 지방의 다이묘(大名)들이 독립적으로 세력을 키우기 시작했다. 각 지방에서는 무사들의 분쟁이 격화되어 결국 하극상(下剋上)의 풍조가 만연(蔓延)하는 센고쿠 시대(戰国時代(전국시대))의 시작으로 이어졌다. 센고쿠 시대(戰国時代)에는 수많은 다이묘(大名)들이 영토와 권력을 두고 치열한 전쟁을 벌였다.

오닌의 난이 발생한 1467년부터 센고쿠 시대(戰国時代)가 시작된다(이설 있음). 이후 각 지방에서는 무력(武力)에 의하여 영역을 지배하는 다이묘(大名)가 연달아 나타나 서로 싸우기를 계속하였는데, 이 시기의 다이묘(大名)를 센고쿠 다이묘(戰国大名)라고 부른다. 무로마치 시대에 중앙에서 파견된 지방관 출신의 슈고 다이묘(守護大名)와 비교하면 센고쿠 다이묘(戰国大名)는 중앙권력과의 구별을 명확히 하고 자신을 중심으로 영지(領地)의 집권화를 강화한 것이 특징이다. 센고쿠 다이묘(戰国大名)의 영국(領國)을 분국(分国)이라고 부른다. 분국(分国)을 통치하는데 있어서 센고쿠 다이묘(戰国大名)의 제일의 목표는 부국강병(富国强兵)이었다.

1392년 남북조(南北朝)의 통일을 실현시키고 지방세력인 슈고 다이묘(守護大名)를 억누르고 막부(幕府)의 전국 지배를 완성시킨 무로마치 막부의 3대 쇼군(將軍) 아시카가 요시미츠(足利義滿)는 1378년에 교토(京都)의 무로마치(室町)에 '꽃(花(화))의 궁궐(御所(어소))'이라 불리는 저택을 새로 지어 막부본부로 삼았기 때문에 그 지역 명칭을 따서 무로마치 막부(室町幕府)라는 명칭이 생긴 것이다. 아시카가 요시미츠(足利義滿)는 무가(武家)의 최고 지위인 쇼군(將軍)이었을 뿐만 아니라 1394년에는 태정대신(太政大臣)이라는 공가(公家)의 최고 지위도 획득했다. 1402년 아시카가 요시미츠(足利義滿)는 명(明) 황제에 의해 일본국왕(日本國王)으로 책봉되었다. 1404년 명(明)과 일본 사이에 조공무역의 한 형태인 감합무역(勘合貿易)이 개시되었다.[59]

---

59 佐藤信·五味文彦·高埜利彦·鳥海靖 編,『詳說 日本史硏究』, 山川出版社, 2020年, 182面 및 五味文彦·鳥海靖 編,『新 もういちど讀む山川日本史』, 山川出版社, 2017年, 123-124面, 145-146面, 그리고 木村茂光·小山俊樹·戶部良一·探谷幸治 編,『大学でまなぶ日本の歷史』, 吉川弘文館, 2024年(令和 6), 82-84面 및 R. H. P. Mason & J. G. Caiger,『A History of Japan』Revised Edition, Tuttle Publishing, 1997, pp. 140-142, 그리고 小路田泰直,『日本通史』, かもがわ出版, 2024年, 106面 및 佐々木潤之介·佐藤 信·中島三千男·藤田 覚·外園豊基·渡邊隆喜 編,『槪論 日本歷史』, 吉川弘文館, 2021年, 73面.

무로마치 막부(室町幕府)는 1336년에 성립되어 1573년에 멸망하였다. 일본의 남북조시대(南北朝時代)와 전국시대(戰國時代)는 무로마치 막부가 존속하고 있던 기간에 있었던 시대였다. 1336년 아시카가 다카우지(足利尊氏)는 고묘 천황(光明天皇)을 옹립하고 고다이고 천황을 폐위시켰다. 그리고 막부(幕府)를 설립하기 위한 정부정책인 겐무시키모쿠(建武式目)를 공표하여 교토(京都)에 새로운 막부(幕府)인 무로마치 막부를 수립하였다. 1336년 말 고다이고 천황은 교토(京都)를 탈출하여 교토의 남쪽 나라현(奈良県) 지방에 위치한 요시노(吉野) 지역으로 피난하여 남조(南朝)를 수립했다. 이로써 남북조(南北朝) 분열의 시대가 시작된 것이다. 1392년 남북조(南北朝)는 통일되었고 그 후에도 무로마치 막부는 계속 존속하였다.

무로마치 막부 후기부터 센고쿠 시대(戰國時代(전국시대))가 시작되어 약 100여 년간 전쟁의 혼란기가 이어졌다. 센고쿠 시대(戰國時代)의 시기와 종기는 이설(異說)이 있지만 오닌의 난이 발생한 1467년부터 무로마치 막부가 멸망한 1573년까지이다. 센고쿠 시대(戰國時代)를 통일하기 시작한 사람은 센고쿠 다이묘(戦国大名) 중 한 명인 오다 노부나가(織田信長)였다. 1573년 무로마치 막부는 오다 노부나가(織田信長)에게 멸망당했다. 1582년 교토(京都)의 혼노지(本能寺)에서 오다 노부나가는 자신의 부하 아케치 미츠히데(明智光秀)의 습격을 받고 사망했다. 1590년 오다 노부나가의 부하였던 도요토미 히데요시(豊臣秀吉)가 일본 전국을 통일하였다. 1592년 도요토미 히데요시는 조

선을 침략하여 임진왜란을 일으켰다.[60]

14세기 후반 남북조의 동란 속에서 무로마치 막부(室町幕府)가 막부정권의 기초를 다지고 있던 시기에 동(東)아시아 전 지역에서도 커다란 변화가 일어났다. 1368년 중국에서는 원(元)이 멸망하고 주원장(朱元璋)이 명(明)을 건국하였다. 1392년 조선반도(朝鮮半島)에서는 고려(高麗)가 멸망하고 이성계가 조선(朝鮮)을 건국하였다.[61]

---

60 かみゆ歴史編集部 編集,『面白すぎる 人物日本史 古代·中世編』, 中央公論新社, 2022年, 58-59面, 78-79面 및 五味文彦·鳥海靖 編,『新 もういちど讀む山川日本史』, 山川出版社, 2017年, 158-160面, 그리고 佐々木潤之介·佐藤 信·中島三千男·藤田 覚·外園豊基·渡辺隆喜 編,『概論 日本歴史』, 吉川弘文館, 2021年, 81-82面.

61 五味文彦·鳥海靖 編,『新 もういちど讀む山川日本史』, 山川出版社, 2017年, 125面 및 歴史學研究會,『世界史年表』 第3版, 岩波書店, 2017年, 132面, 134面.

맺음말

이 책을 만드는 데 다수의 중국서, 한국서, 일본서, 영미서를 참고하였다. 오랜 옛날부터 현재까지 한국과 일본은 중국의 한자문화권(漢字文化圈)에 속하는 국가라서 한자(漢字)를 공유해 왔다. 같은 한자(漢字)라도 대만(臺灣)에서는 번체자(繁體字)를 사용하고 중국 본토에서는 간체자(簡体字)를 사용한다. 간체자(簡体字)는 번체자(繁體字)를 간략화(簡略化)한 자체(字体)이다. 일본에서는 한자(漢字)의 획수를 줄인 간소한 형태의 일본어한자(日本語漢字)를 사용하는데 이는 중국 본토에서 사용하는 간체자(簡体字)와는 다르다. 한국에서 사용하는 한국어한자(韓國語漢字)는 정체자(正體字)인데 이는 대만(臺灣)에서 사용하는 번체자(繁體字)와 같다. 정체자(正體字) 또는 번체자(繁體字)는 간체자(簡体字) 또는 일본어한자(日本語漢字)에 비해 획수가 많고 복잡한 것이 특징이다. 한국에서 배운 한자(漢字)에 관한 지식은 중국서, 일본서를 참고하는 데 큰 도움이 되었다.

중국의 고대 역사 내용은 이미 한국에서 널리 알려져 있기 때문에 중국서를 참고하는 데 큰 어려움이 없었다. 반면 일본의 고대 역사 내용은 한국에서 알려져 있는 내용이 비교적 적기 때문에 일본서를 참고하는 데에는 어려움이 있었다. 특히 일본 역사에서 사용하는 여러 가지 역사용어의 의미를 파악하는 것은 힘들었다. 생소한 일본 역사 용어들은 각종 일본 역사서를 참고하면서 파악할 수 있었다. 이 책을 인쇄하기 전 교정 및 편집작업을 할 때에도 일본의 남북조시대에 관한 서술부분에서 정정해야 할 부분이 가장 많았다.

역사(歷史)란 역사적 진실을 추구하며 역사적 사실을 정확하게 논증하고 인과관계를 설명하는 것이다.[62)]

저자가 참고한 문헌 중에서 일본서 『詳說 世界史硏究』[63)] 및 『詳說 日本史硏究』[64)]와 중국서 『中国通史』[65)], 그리고 영미서 『CHINA』[66)]는 역사 서술 내용이 상당히 훌륭한 책이므로 독자들에게 참고용 역사서로 추천한다.

---

62 司馬遷 지음/김원중 옮김, 『사기 본기(史記 本紀)』 개정판, 민음사, 2019년, 17면.

63 木村靖二·岸本美緖·小松久男 編, 『詳說 世界史硏究』, 山川出版社, 2020年.

64 佐藤信·五味文彦·高埜利彦·鳥海靖 編, 『詳說 日本史硏究』, 山川出版社, 2020年.

65 吕思勉 著, 『中国通史』 彩图珍藏版, 中华书局, 2024年.

66 John Keay, 『CHINA』, HarperPress, 2009.

참고문헌

참고문헌은 중국서, 한국서, 일본서, 영미서 순으로 표시했고 출판 연도순으로 표시했다.

출판연도는 가장 최근에 출판된 연도순으로 표시했다. 예를 들어 이 책의 참고문헌 중 山川出版社에서 출판된 木村靖二·岸本美緒·小松久男 編, 『詳說 世界史硏究』는 2017年에 제1쇄가 발행되었고 2020年에 제4쇄가 발행되었다. 저자가 참고한 것은 2020年에 발행된 것이기 때문에 2020年으로 표시했다.

中國書(중국·대만·홍콩)

洪維揚 著, 『一本就懂 日本史』, 好讀出版有限公司, 2020年.

李泉 編著, 『一本就通 中國史』 二版, 聯經出版事業股份有限公司, 2022年.

龔書鐸 劉德麟 主編, 『三國 · 兩晉 · 南北朝』 圖說中國 04, 智能教育, 2022年.

宇信瀟 著, 『契丹: 從白馬青牛的起源傳說到草原帝國的崛起與沒落』, 大旗出版社, 2023年.

六反田豊 監修/黃筱涵 翻譯, 『極簡韓國史』, 楓樹林出版事業有限公司, 2023年.

张德文·陈雪良 著, 『碰撞中的民族大融合: 魏晋南北朝』, 天地出版社, 2024年.

孙英刚 著, 『灿烂辉煌的开放世界: 隋唐五代』, 天地出版社, 2024年.

余蔚 著,『士大夫的理想时代: 宋』, 天地出版社, 2024年.
吕思勉 著,『中国通史』彩图珍藏版, 中华书局, 2024年.
張承望 著,『中国大歷史』二版, 海鴿文化出版圖書有限公司, 2024年.
杨军等 著,『朝鲜半岛古代史研究』, 社会科学文献出版社, 2024年.

韓國書

司馬遷 지음/김원중 옮김,『사기 본기(史記 本紀)』개정판, 민음사, 2019년.
한국역사연구회,『한국고대사산책』전면개정판, 역사비평사, 2021년.
유득공(柳得恭) 지음/송기호 옮김,『발해고渤海考』신개정판, 홍익, 2021년.
전덕재,『이슈와 쟁점으로 읽는 한국고대사』, 도서출판 역사산책, 2021년.
邊太燮,『韓國史通論』四訂版, 三英社, 2022년.
한영우,『다시찾는 우리역사』제2전면개정판, 경세원, 2022년.
김기협,『밖에서 본 한국사』, 돌베개, 2025년.

日本書

班固 著/永田英正·梅原郁 譯注,『漢書 食貨·地理·溝洫志』, 株式会社 平凡社, 2008年.
內田忠賢 監修,『理解しやすい地理B』, 文英堂, 2013年.
森公章,『東アジアの 動亂と倭国』, 吉川弘文館, 2014年.
公益財団法人 東洋文庫 編,『記錄された記憶』, 山川出版社, 2015年.
高橋秀樹·三谷芳幸·村瀬信一,『ここまで変わった日本史教科書』, 吉川弘文館, 2016年.

池田嘉郎·上野愼也·村上衛·森本一夫 編,『名著で讀む世界史120』, 山川出版社, 2016年.
老川慶喜 著,『もういちど讀む山川日本戰後史』, 山川出版社, 2016年.
歷史學硏究會,『世界史年表』第3版, 岩波書店, 2017年.
「世界の歷史」編集委員會 編,『新 もういちど讀む山川世界史』, 山川出版社, 2017年.
五味文彦·鳥海靖 編,『新 もういちど讀む山川日本史』, 山川出版社, 2017年.
田邉 裕,『もういちど讀む山川地理』[新版], 山川出版社, 2017年.
宇山卓栄,『「民族」で讀み解く世界史』, 日本実業出版社, 2018年.
島田正郎,『契丹国一遊牧の民キタイの王朝』中公新書 482, 東方書店, 2018年.
古畑徹,『渤海国とは何か』, 吉川弘文館, 2019年.
木村靖二·岸本美緖·小松久男 編,『詳說 世界史硏究』, 山川出版社, 2020年.
佐藤信·五味文彦·高埜利彦·鳥海靖 編,『詳說 日本史硏究』, 山川出版社, 2020年.
笹山晴生·五味文彦·吉田伸之·鳥海靖 編,『詳說 日本史史料集』再訂版, 山川出版社, 2020年.
岡本隆司,『世界史とつなげて學ぶ 中国全史』, 東洋經濟新報社, 2020年.
佐藤進一,『日本の歷史9 南北朝の動亂』中公文庫, 中央公論新社, 2020年.
宇山卓栄,『「宗教」で読み解く世界史』, 日本実業出版社, 2020年.
岡田英弘,『倭国』中公新書 482, 中央公論新社, 2020年.
岡本隆司 監修,『一冊でわかる中国史』, 河出書房新社, 2020年.
大石 学 監修,『一冊でわかる戰国時代』, 河出書房新社, 2020年.
歷史教育硏究會 編,『日韓歷史共通教材 調べ·考え·歩く 日韓交流の歷史』, 明石書店, 2020年.
岸本美緒,『中国の歴史』, 筑摩書房, 2021年.
沢田勳,『匈奴 古代遊牧国家の興亡』 新訂版, 東方書店, 2021年.
上田 信,『中國の歴史9 海と帝国 明清時代』, 講談社學術文庫, 2021年.
佐々木潤之介·佐藤 信·中島三千男·藤田 覚·外園豊基·渡辺隆喜 編,『概論 日本歴史』, 吉川弘文館, 2021年.
小和田哲男,『戰国 戰の作法』, 株式会社 G.B., 2021年.
村瀨哲史,『村瀨のゼロからわかる地理B 地誌編』, 株式会社 学研プラス, 2021年.
山中俊之,『ビジネスエリートの必須教養「世界の民族」超入門』, ダイヤモンド社, 2022年.
木村靖二·岸本美緒·小松久男 編,『もういちど讀む山川世界史PLUS アジア編』, 山川出版社, 2022年.
橋場弦·岸本美緒·小松久男·水島司 監修/有限會社ランゲージハウス 翻訳,『WORLD HISTORY for High School 英文詳說世界史』, 山川出版社, 2022年.
六反田豊 監修,『一冊でわかる韓国史』, 河出書房新社, 2022年.
岡田和一郎·永田拓治 編,『漢とは何か』, 東方書店, 2022年.
窪添慶文,『北魏史 洛陽遷都の前と後』, 東方書店, 2022年.
伊藤之雄·大津 透·久留島典子·藤田 覚,『もういちど讀みとおす山川新日本史 上』, 山川出版社, 2022年.
かみゆ歴史編集部 編集,『面白すぎる 人物日本史 古代·中世編』, 中央公論新社, 2022年.
砂崎良 著/井田仁康 監修,『リアルな今がわかる 日本と世界の地理』, 朝日新聞出版, 2022年.

木村靖二·岸本美緒·小松久男·橋場弦 監修,『山川 詳說世界史圖錄』第5版, 山川出版社, 2023年.
井上秀雄,『古代朝鮮』講談社學術文庫, 講談社, 2023年.
小泉秀人,『暗記じゃなくて考えたら 日本史はこんなにおもしろい』, 山川出版社, 2023年.
山根直生 編,『五代十國: 亂世のむこうの「治」』, 勉誠社, 2023年.
井田仁康 編著,『世界の今がわかる「地理」の本』, 三笠書房, 2023年.
宮地正人 編,『日本史 上』第1版, 山川出版社, 2024年.
玉木俊明,『ユーラシア大陸興亡史』, 株式会社 平凡社, 2024年.
松本一夫,『時代を超えた「つながり」で讀み解く日本史』, ベレ出版, 2024年.
佐藤信·五味文彦·高埜利彦 編/ 近藤成一·亀井ダイチ利永子·亀井ダイチ アンドリュー 翻訳,『英文詳說日本史 JAPANESE HISTORY for High School』, 山川出版社, 2024年.
木村茂光·小山俊樹·戸部良一·深谷幸治 編,『大学でまなぶ日本の歴史』, 吉川弘文館, 2024年(令和 6).
仁藤敦史,『加耶/任那 一古代朝鮮に倭の據点はあったか』, 中央公論新社, 2024年.
龜井高孝·三上次男·林健太郎·堀米庸三 編,『世界史年表·地図』, 吉川弘文館, 2024年.
児玉幸多 編,『日本史年表·地図』, 吉川弘文館, 2024年.
田中史生 編,『日中關係史』, 吉川弘文館, 2025年(令和 7).

지도책(地図帳(지도장))

平凡社地図出版 編集·制作,『ASAHI ORIGINAL デュアル·アトラ

ス 2019-2020年版 日本·世界地図帳』, 朝日新聞出版, 2019年.
株式会社平凡社 編, 『プレミアム アトラス 世界地図帳』 新訂第4版, 株式会社平凡社, 2022年.

英美書

R. H. P. Mason & J. G. Caiger, 『A History of Japan』 Revised Edition, Tuttle Publishing, 1997.
Clive Ponting, 『World History : A New Perspective』, Pimlico, 2001.
John Keay, 『CHINA』, HarperPress, 2009.
J. M. Roberts and O. A. Westad, 『The Penguin History of the World』 Sixth edition, Penguin Books, 2014.
Michael Wood, 『THE STORY OF CHINA』, St. Martin's Press, 2020.
Linda Jaivin, 『The Shortest History of China』, Old Street Publishing, 2022.